全科式博物馆课程教育

小学学科实践活动研究与探索

王立平 李珊 著

本书写作组

（按姓氏笔画）

于浩翔　庄晓洁　李弄辞　李海明

赵俊贤　郝丽萍　解　洁　翟晓江

学术与教学顾问

文军庆

广西教育出版社

图书在版编目（CIP）数据

全科式博物馆课程教育 ：小学学科实践活动研究与探索 / 王立平，李珊著. -- 南宁 ：广西教育出版社，2020.12

ISBN 978-7-5435-8911-7

Ⅰ. ①全… Ⅱ. ①王… ②李… Ⅲ. ①博物馆-小学教育-教学研究 Ⅳ. ①G269.23②G629.2

中国版本图书馆 CIP 数据核字(2021)第 019420 号

责任编辑：王飞峙

责任校对：卢佳慧

装帧设计：今亮后声 · 王秋萍

责任技编：蒋　媛

出 版 人：石立民

出版发行：广西教育出版社

地　　址：广西南宁市鲤湾路 8 号　邮政编码：530022

电　　话：0771-5865797

本社网址：http://www.gxeph.com

电子信箱：gxeph@vip.163.com

印　　刷：天津奥丰特印刷有限公司

开　　本：889mm×1194mm　1/16

印　　张：13.5　插页 2

字　　数：285 千字

版　　次：2020 年 12 月第 1 版

印　　次：2020 年 12 月第 1 次印刷

书　　号：ISBN 978-7-5435-8911-7

定　　价：98.00 元

序一

博物馆实践课程的探索

而今，以大数据、第五代移动通信技术、人工智能为代表的新兴技术，对我们习以为常的传统生活、生产方式带来了革命性影响，教育也不例外。但教育有更重要的使命，就是要育人，也就是帮助孩子从小培养适应未来社会的能力素养。放眼世界，基础教育早已不是以单纯的知识传授为目的，而是紧跟时代发展步伐，帮助学生学好学科知识，关注学生的创新意识、实践能力、团队协作以及情感态度、社会责任等健全人格品质的发展，培养适应未来的必备品格和关键能力。可以说，实现从以知识中心向以素养为中心的教育模式转变，已经成为当今世界各国基础教育课程改革的重要方向。

也正是基于世界教育发展变革的趋势，以及我国中小学生文化基础知识比较扎实，但创新实践能力相对薄弱的现实，我国加强了中小学综合实践活动课程的开展，促进了实践育人落地生根，采取了共识度越来越高的行动，与之相应的教育改革实践不断涌现。2015 年，北京市依据教育部的《义务教育课程设置实验方案》，首次提出学科实践活动、开放性科学实验等课程实施形式，凸显了活动育人、实践育人的重要地位。2017 年，教育部下发了《中小学综合实践活动课程指导纲要》，要求学校通过综合实践活动，从生活情境中发现问题，转化为活动主题，通过探究、服务、制作、体验等方式，培养学生综合素质的跨学科实践能力。在中小学校，如何有效落实立德树人、实践育人的要求，深入推进素质教育，如何根据自己学校的实际情况，在创造性地实施国家课程过程中，通过各种渠道开发学生的学习机会，丰富校园文化建设，有效利用校外各类教育场馆资源和实践基地，为学生知识学习、思维培养、素养提升提供帮助，是摆在教育实践一线的重要问题。

在多年的办学实践中，北京市海淀区前进小学针对活动育人、实践育人的方法路径进行了有益、有效的实质性探索。学校立足现代，着眼未来，为了构建一个服务学生成长的文化体系，提出了以习惯培养、思维启迪和品格养成为取向的培养“勤·思少年”的育人目标，期望能在孩子的心中从小打上勤学烙印，形成善思品格。学校以“以人为本、尊重个性、挖掘潜力、互动成长”为办学理念，指导干部、教师行为，服务儿童健康成长，旨在帮助学生在前进小学六年的学习生涯中，懂得做人礼仪，养成良好习惯，掌握思维方法，获得生存技能，培养学生适应未来的必备品格和关键能力。

为了将育人目标落到实处，也为了给学生打好成长的根基，让学生终身受益，前进小学全面贯彻党的教育方针，落实立德树人的根本任务，以学校文化建设和课程体系优化为抓手，聚焦教学改革和学科实践活动设计实施，着力为学生打造一个发现自己、发展潜能的小小天地和乐土。在学校孜孜以求的实践探索和专家引领指导之下，学校确立活动育人的实践方向，明确提出要关注学生课堂学习与生活世界互动联系的教育理念，让学生在学习、生活和实践中完善品格、健全身心、发展能力、培养情趣，最终实现德智体美劳的全面发展。在实际操作中，前进小学以学科实践活动为抓手，在课题研究和教学探索的双轮驱动下，对学科实践活动的内涵、特点、形式等进行了深入的分析和研究，确定了学科实践活动的教育价值：转变学科学习方式，建立起校内学科学习与校外学生生活之间的联系，最终提升学生运用学科知识解决实际问题、创意与设计、研究与思考等方面的能力，为深化和拓展学校原有学科课堂教学的内容和范围奠定了基础。

要达到实践育人的目的，除了合理利用学校和家庭空间，还需要有效利用社会教育资源，带领学生走进更为广阔的社会生活之中，开阔其视野，丰富其思想，为学生打开一扇扇新的窗口。前进小学根据教师教学活动、学生学习的实际情况，充分利用首都博物馆资源极为丰富的优势，选择北京市部分博物馆中具有教育特色的内容，与学科实践活动紧密结合，组织教师整合学科知识，研究开发校本博物馆课程，将博物馆当作学生们学习知识和解决问题的实践场所，创造性地建构和落实海淀区前进小学的课程体系。教师们开发的博物馆课程，特点是主题探究、学科融合，通过体系化的设计，逐层分批提高学生综合素养的发展水平。课程涵盖小学低、中、高年级，涉及所有学科，符合学生年龄特征，具有层级发展目标。从低年级到高年级，每一个博物馆课程都有具体的主题设计和课程设计，更多关注学生的学习体验、动手实践及创新意识的培养，在探究学习过程中有所收获、有所发展，扩大学生的视野，提升学生的综合素养。

博物馆对于小学生而言，具有其他社会资源不可比拟的教育优势。同一地区的博物馆不仅距离较近，馆藏内容专题化，而且组织学习安全方便，是开发实践活动课程的重要资源基地。同时，博物馆的陈设内容一般都是主题化的：横向上，不同博物馆代表了不同领域的系统知识内容和空间，能够满足不同兴趣、特长学生的学习需求；纵向上，同一博物馆馆藏内容与主题的排列也几乎涵盖了该领域古往今来的发展演化历程，为学生打开了时间长卷。还有，博物馆以其普及性、专题性、专业性及结构化组织等特点，为教学实践提供了便利条件，是不可多得的开展探究学习、合作学习、项目学习、主题研究的高质量社会实践平台，也为学生提供了开放的学习环境和丰富的学习资源。

那么，如何有效利用学生身边丰富的博物馆资源？如何将博物馆的主题内容与学科教学、课内外活动相融合，实现博物馆资源与学校课程的有机整合、整体实施？如何引导学生更好地实现学思结合，开展团队协作，充分展示自我？如何更好组织和评价学生的学习成效？……这些问题，都是教师在课程实施中面临的最大困惑。前进小学的探索为我们提供了一套可行、有效的解决方案和成功路径，也为广大学校有计划、深层次开展博物馆课程提供了参考。在多年实践基础上，他们从最早的多个博物馆课程开发齐头并进，到更高层级针对动物博物馆的全学科课程开发与实践，进行了博物馆课程开发和实践从初级到高级的全过程探索，将博物馆课程开发与实践推向了系列化、深层次的新高度。本书正是前进小学以动物博物馆为核心的全学科课程开发成果的案例展示，通过理论架构、课程设计、课程实施和教育成果等多角度、全方位的介绍，力图为中小学校呈现基于博物馆资源开展综合实践活动的完整方案。

该书内容立足于学生核心素养培养，关注学校教学的具体实践，紧密联系特定博物馆的内容主题进行编写，注重理论阐述与不同年级、不同学科的教学实践相结合。由于不同博物馆的内容主题与不同年段、学科的教育目标、教育方式的结合点不同，为了便于读者聚焦某一特定博物馆样本，详细了解博物馆课程从设计到实施再到学生学习结果的全过程，该书以国家动物博物馆内容主题为例，系统介绍了小学一、二年级，三、四年级，五、六年级三个学段的博物馆课程设计主题、教育目标、学习任务、组织形式、过程评价与学生学习成效展示等具体环节，力求为读者提供一个可操作的案例样本，为教育教学实践提供服务。

该书是北京市海淀区前进小学全学科教师在博物馆课程资源开发与利用实践中的成果，理论层面立足立德树人、“五育”并举的政策要求，分析了实践育人的价值与要义；实践层面从课程开发与实施角度回答了博物馆课程开发的系列问题，如课程目标的确定、课程内容的设置、课程资源的选择、课程教学的组织、学习效果的评价以及学生活动过程的组织和管理等，特别是书中不同课程主题的生动案例，为一线教师、相关教育研究人员、教育管理人员等提供了有益参考。

全科式博物馆课程的开发与有效实施，既是活动育人、实践育人的有效载体之一，又是推动学生认知发展由感性认识到理性思考的必由之路，也是打通课内外、校内外，连接知识世界与生活世界，统筹学校、家庭、社会育人资源的可行路径。该书的内容不是闭门造车，而是前进小学所有师生亲身实践的成果，凝结着老师们的教学思想和实践智慧，也承载着学生综合能力提升的发展过程。毫无疑问，基础教育的发展一定是从学科走向融合，从知识走向素养，从教学走向研学，回归生活、回归社会、回归自然、回归教育的真正价值，为人的全面发展奠定基础。基于博物馆的综合实践活动课程，为跨学科学习、综合能力培养提供了案例。当然，该书也仅是小学专题实践活动的阶段性成果，其经验与启示值得借鉴，但鉴于社会资源有效利用的命题之广、涉及问题之多等现实原因，该书还有很多方面尚未涉及，也有很多具体的问题尚在探索之中。我们希望该书的出版能够为广大中小学校和教师开展实践课程提供一点参考和借鉴，同时也是抛砖引玉，希望今后能涌现出更多将博物馆等社会实践资源有效利用的成功案例，丰富新一轮教育改革实践和学生成长旅程。

是为序。

马涛

中国教育科学研究院副院长

序二

博物馆对孩子成长的教育价值与意义

读毕前进小学《全科式博物馆课程教育——小学学科实践活动研究与探索》书稿，看到其中有很多的内容涉及国家动物博物馆，看到国家动物博物馆的展品和蕴藏的丰富知识通过前进小学的教学工作实践，终于走进学生心里，终于实现了我们建馆的最初设想，我非常高兴。

作为国家动物博物馆展示馆的首任馆长和创建者，我非常愿意为该书作序。

出于本能，人类一直以来来都对动物有亲切感、亲近感。

幼儿的看图识字绘本有很多动物形象，他们通过动物的图片来认字；很多寓言故事跟动物有关，比如《东郭先生和狼》《农夫与蛇》《老鼠嫁女》等寓言，孩子可以通过故事来认识动物。

走进社会后，部分人士从事与动物有关的职业，自然离不开动物。随着生活水平的提高，一批有时间、有经济基础的人拿起相机，走进深山老林，以拍摄野生动物的精彩瞬间为乐。一幅幅精美的作品，不仅仅是艺术品，更是人们热爱动物、热爱生命、热爱自然的生动写照。

临了，到老了，我们要与动物为伴，宠物成了陪伴我们左右、供我们打发时间的忠实伴侣。

人这一辈子重复去过最多的场所，动物园应该算得上是其中之一。儿时是父母带着，为人父母后是带着自己的孩子，几次三番地去看动物。每个孩子、每位家长都有自己喜爱的动物，有些在大熊猫笼舍前久久不愿离去，有些喜欢活泼爱跳的金丝猴，有些喜欢在空中飞翔的鸟类，还有些喜欢在地面爬行的蛇类。

动物也是出版行业最钟爱的话题。图书馆里、书店里，各式各样的动物图书琳琅满目，极大地丰富了我们的生活。

社会如此旺盛的动物知识需求终于催生了国家动物博物馆。该馆以动物为主题、以动物学研究的国家队——中国科学院动物研究所为学术团队支撑，保证了博物馆知识的科学性、准确性。动物知识的载体是一个个真实的动物标本，该馆通过图片、声光电等各种方式把动物知识科学地展现出来，同时也不乏直观性和趣味性。

美是大自然带给我们的享受，大自然赋予植物绿叶红花，同样赋予动物各异的形态，其中鸟类和蝴蝶就是典型的代表。国家动物博物馆的鸟类展厅里虽然只展示了我国1300多种鸟类之中的400多种，但是每个目和每个科的鸟都有代表，大到凶猛的秃鹫，小到拇指般大小的太阳鸟。鸟的羽毛五彩缤纷，明黄色的，鲜红色的，绿色的，宝蓝色的，洁白如玉的，金属光泽的……这是色彩之美，也是大自然的神奇创造。在漂亮羽毛的后面则是奇妙的动物学知识，例如鸟类长着美丽的羽毛绝对不是为了取悦人类，而是为了取悦同类，获得更多繁殖后代的机会。鸟类展厅还有很多栩栩如生的野生鸟类自然场景。地面上，两只斗志昂扬的雄性红腹锦鸡正凶狠地对视，准备为当选鸟王而战斗；树枝上，一对火斑鸠在对望，似乎准备表演雌雄对唱；树梢上，一对红尾水鸲站着，漂亮的雄鸟正试图振翅起飞。

蝴蝶以其绚丽的色彩、优美的舞姿，赢得了“会飞的花朵”“大自然的舞姬”等美誉。那么，如何正确区分蝶与蛾？蝴蝶的一生是怎样度过的？蝴蝶的雌雄之间在形态上有什么不同吗？世界上的蝴蝶有多少种？中国有哪些受保护的蝴蝶？……在蝴蝶展厅里，你都能找到答案。而且展厅还展出了来自世界各国的蝴蝶标本15科2200多种以及各国的国蝶10种，使用多媒体技术营造出浪漫的蝴蝶谷气氛，让观众流连忘返。

昆虫展厅突出展示了地球上最繁盛、种数超过100万种的昆虫代表性类群。有色泽鲜艳的“会移动的宝石”——甲壳虫，有多姿多彩的“夜之精灵”——蛾子，有凶猛的捕食性昆虫虎甲、螳螂、齿蛉、胡蜂，有温文尔雅却能置其他动物于死地的寄生蜂、寄生蝇，有伪装植物枝叶的竹节虫、螽斯，有善于警戒恐吓的蜡蝉、蛾子、食蚜蝇。昆虫几乎无处不在，如果想了解昆虫的多样性，学习有关昆虫的知识，昆虫展厅是最好的选择。

国家动物博物馆还有濒危动物展厅、无脊椎动物展厅、动物与人展厅、动物多样性与进化展厅等。

记者采访中，经常问国家动物博物馆最吸引人的是哪个展厅、哪个部分，我往往难以回答，因为每一个展厅都各具特色，每一个展项、每一件动物标本都蕴藏着有趣的科学知识、科学家研究事迹和科学人文情怀。国家动物博物馆就是立体的动物百科全书，希望同学们能在这里找到你喜爱的动物，学到有趣的动物知识，丰富你的精神世界。

以此为序，希望同学们好好学习，天天向上！

黄乘明

中国科协首席科学传播专家

中国科学院动物研究所研究员

国家动物博物馆展示馆首任馆长

目录

Part1

课程理论

为什么要给孩子们开设博物馆课程

基础教育要为学生的素养发展奠基，满足学生个性化的发展需求，引导学生学会学习。2017年，教育部颁发了《中小学综合实践活动课程指导纲要》，指出要以综合实践活动课程引导学生在实践中学习，通过考察探究、社会服务、设计制作、职业体验等方式，关注学生综合素质的发展，关注学生个体生活与社会生活的有机联系，关注学生的主动实践以及知识、素养的开放生成。在此过程中，培养学生的社会责任感、创新精神和实践能力，提升活动育人效果。可以说《中小学综合实践活动课程指导纲要》进一步明确和规范了中小学综合实践活动的育人目标和内容要求，为中小学开展活动育人实践提供了具体指导。

一、活动育人成为教育改革与发展的时代之需

在知识经济和人工智能时代，教育最应该教给孩子什么？这需要立足社会发展的过程来分析。比如在传统的工业社会，社会生产需要更多的接受过系统训练、能够适应流水线生产模式的产业工人，这时，标准化的学校教学及分科教学是培养符合流水线生产模式所需劳动力的最佳方式。而到了知识社会时期，由于知识社会生产消费的基本特点已经转化为个性化、全球化和数字化，这时，推动知识社会发展的最大动力是以创新能力为核心的劳动者综合素养。

什么是综合素养？简而言之，综合素养就是21世纪技能，也是我们国家最近提出的“中国学生发展核心素养”。毫不夸张地说，教育培养出来的未来一代具有什么样的素养，人类未来就会有什么样的命运。因此，对学生综合素养的培养是今后各种教育的重要内容。

更好地培养学生的综合素养，是时代赋予教育的使命，也是当今教育需要努力实现的最终目标。为了扭转片面的应试教育和过于注重知识传授的倾向，强化学生创新能力培养，关注学生综合素质的发展，教育改革的努力从未停止。如从2001年开始的第八次课程改革，通过设置综合实践活动，通过引进探究学习、合作学习等新形式，改变原有的教育教学方式，通过开展基于过程的发展性评价等来促进学生创新能力和综合素养的发展，通过三级课程管理下发课程权限，等等。这些措施都对

提升学生的创新意识和实践能力起到了一定的作用。为了从根本上提高学生的综合素质，党的十八大以来，国家进一步提出了“深化教育领域综合改革”的任务要求，为此，教育部出台了《关于全面深化课程改革　落实立德树人根本任务的意见》等文件，从思想、目标和任务方面部署新一轮教育改革，培养学生创新能力，提升综合育人水平，最终完成服务创新型国家建设的战略任务。

学生创新能力的培养有赖于课程、教学和评价的整体改革，更有赖于实现教育的内容、方式和评价的系统创新。

为了进一步推进课程改革的深入发展，2015年7月，北京市出台《北京市实施教育部〈义务教育课程设置实验方案〉的课程计划（修订）》，进一步关注学生核心素养的培养，强化了活动育人、实践育人等重要理念，在原有综合实践活动的基础上，首次提出学科实践活动、开放性科学实验等课程实施形式，并分配了具体课时，使得学生创新能力和综合素养的培养更加具体化、可操作化。学科实践活动的目的在于转变学科学习方式，建立起校内学科学习与校外生活之间的联系，最终提升学生运用学科知识解决实际问题的能力、创意与设计的能力、研究与思考的能力等。可以说，学科实践活动的提出，一方面深化和拓展了原有的学科课堂教学内容和范围，另一方面细化和活化了原有的综合实践活动课程。使活动育人、实践育人的理念真正落实到具体的学科教学过程中，这样既有了明确的实施对象，也有了充分的运行动力。

二、博物馆能为落实实践育人、活动育人提供重要场地

无论是综合实践活动还是学科实践活动，都具备关注实践育人、活动育人这一重要的育人价值。在关注核心素养的今天，活动承担了培养学生实践能力、赋予学生实践体验的重要使命。作为学校，可以选择的活动方式多种多样，但重要的是因地制宜，在条件允许的情况下，发挥活动育人的最大价值。很多农村学校开展种植、养殖等学农活动，将地域资源与学生生活紧密结合，是一种有效的活动方式。而对于城区学校，选择什么样的活动呢？这既要有利于培养学生的实践能力，又要有利于提升学生的学习热情，所以要选择合适的方式。海淀区前进小学地处城区，学校面积狭小，周边也没有适合小学生持续开展实践活动的场地。在综合考虑之后，学校巧妙地选择了博物馆这一重要资源，用于构建学校的活动课程体系。前进小学以博物馆为基地，构建小学活动育人课程体系，进一步将课内教学与课外实践相结合，不断深化课程内容和形式，让学生在实践学习中真正增长知识、提升思维、启迪智慧、锻炼能力。

对城区中小学生而言，门类众多、馆藏丰富的各种博物馆，是组织开展综合实践活动的重要资源。这是因为市区的博物馆，不仅距离较近、专题丰富，更是最好的半结构化实践场

地，特别适合小学生初始实践活动的开展。

首先，博物馆是主题化的。不同的博物馆都有不同的学科领域和主题，为主题化的实践活动提供了非常好的场地。其次，博物馆的内容展示是半结构化的。一方面，博物馆是相比学校教科书更为开放的学习资源。另一方面，相对于自然景观，博物馆又有半结构化的特点。无论是什么主题的博物馆，其展品陈列、体验区布局都遵循了一定的逻辑关系，要么是按照时间顺序设计，要么是按照功能构造设计，要么是按照文化类别设计，等等。这种设计的好处在于，专业人员已经为参观者提前做好了铺垫工作，学生只需在此基础上，探究自己感兴趣的主题，相当于站在前人的肩膀上，在前人的基础上再去探究、验证、延伸和拓展，大大提高了学习研究的效率，也契合当前实践活动时间紧的现实需要。再次，博物馆的安全性、易组织性以及对集体和团队的接待能力，都非常适合学校开展学生综合实践活动。最后，很多博物馆建在市区，距离学校较近，便于安排半天、一天的实践活动，是小学开展综合实践活动的宝贵资源。

从教育价值的角度来看，以博物馆为实践基地组织相应的实践活动，能够将知识学习与学生生活实践紧密结合，实现课内外、校内外学习的无缝衔接。博物馆课程还能开阔学生眼界，扩宽学生视野，真正将“教科书是学生的世界”转变为“世界是学生的教科书”，为培养学生的高阶思维和发展学生的高层次认知能力提供有效载体。我们知道，学习本来就不是只发生在学校，学习也不仅仅是对教科书知识的理解和记忆，学习更是对生活体验的深化感受，对实践问题的创造性解决。根据建构主义的基本学习观，知识只有通过学生与自己身边的人和事的“对话”和“沟通”，才能逐渐被建构起来，因此学习具有整体性、情境依赖性和重组性的特点。利用博物馆开设的主题活动课程，通过教师有计划、有目的地设计，将原本课堂教学的部分内容以活动形式展开，鼓励学生以小组形式开展合作学习、探究学习，通过小调查、小研究、小实验等方式充分调动学生学习的自主性和积极性，使课堂内外的学习过程有机结合，使书本知识与实践体验紧密联系，实现学生学习的综合性和连贯性，也在潜移默化中提高学生的综合素养和高阶思维能力。此外，博物馆里各种主题的内容、原理，涵盖了人类探索自然、社会发展的过程脉络，很多知识内容来源于学科，但又超越学科。学生通过参观、交流、思考、探究等活动，在知识的学习和能力的发展上能够从点到线、以线织网，实现视野的延伸和能力的拓展。

三、博物馆资源能很好地与学科课程相衔接

丰富多样的博物馆涵盖了自然、科学、技术、艺术、工程、人文、社会、历史、法治、经济等诸多领域，大多数综合博物馆内部又会根据展品的内容和主题分为多个专题展区，甚至还有一些本身就是专题类博物馆，如中国铁

道博物馆、国家动物博物馆、中国钱币博物馆等。这些丰富的资源和专题绝大多数能和中小学校现行学习内容产生关联，是学生拓展课堂学习、开展课外实践和深入研究的重要平台。比如老师可以将语文《颐和园》一课（原人教版小学四年级上册）的学习与园林博物馆参观探究相结合，为学生设计园林文化、历史探秘、考古主题、建筑布局、文物保护等涉及文学、美学、建筑、艺术、文化的综合主题，也可以从文物保护角度设计“世界文化遗产追踪”等国际视野主题，从园中花草树木可以设计“动植物观察”等科学主题，从园林湖水的四季变化可以设计“水污染与生态保护”等环境教育主题相关的活动。而这些活动早已超越了原来教科书中的内容，给了学生一个贯通古今、包罗万象的大世界。因此，利用博物馆开设实践育人、活动育人的相关课程，是拓展学生学习渠道、丰富学生学习资源、提升学生分析问题、解决问题能力的重要途径。

小学阶段的主题活动课程，可以以博物馆为资源基地，设计以博物馆为主题的探究课程，通过学科融合形式给学生以综合素养的发展和熏陶，最终服务学生综合素养的持续发展。在主题的设计过程中，学校既可以围绕一个综合性博物馆，将学校各门课程内容与之对接，形成针对同一博物馆的不同主题课程，也可以根据学生能力、素养发展阶段，选择不同博物馆资源，设计符合育人需要的主题课程，服务学生核心素养的发展和培养。比如，海淀区前进小学针对一到六年级全体学生，开设了独具特色的博物馆课程：一年级“有趣的动物王国”以国家动物博物馆为基地，重点培养学生观察、分类、模仿能力；二年级以北京奥运博物馆为基地，开展了“探秘体育世界”主题活动，发展学生的调查、模仿、表达等综合能力；三年级以国家动物博物馆之昆虫馆为基地，带领学生走进奇妙的昆虫世界，发展学生的比较、表达、写作、分析、审美素养；四年级以中国铁道博物馆为基地，培养学生搜集资料、统计分析、判断预测以及合作学习、交流及语言表达的综合能力；五、六年级则以故宫和长城为基地，探索故宫、长城所孕育的中华文化，综合培养学生赏析、评述中华民族悠久文化艺术的能力，引导学生感悟民族精神，培养热爱祖国、保护和传承中华民族历史文化的意识和情感。可以看出，前进小学从一年级到六年级，每一个博物馆课程都有具体的活动目的和主题设计，帮助学生在走进博物馆、开展探究学习的过程中，有所收获，有所发展。

四、设计和实施博物馆课程的一些思路和建议

（一）从前进小学的博物馆课程实施经验可以看出，优秀的博物馆实践课程设计需要具备以下特点：

1. 紧密结合学校总体课程方案，让博物馆实践活动服务学生发展目标

前进小学构建了“勤·思”课程体系，包

括勤习课程、乐学课程和善思课程三个梯度层级。博物馆课程是善思课程的具体化，通过设计主题探究、学科融合的博物馆课程，使学生的综合素养培养有了具体的着力点。

2. 突出学生年段特点，设计适合学生发展需要的博物馆课程主题和活动目标

《中小学综合实践活动课程指导纲要》对小学、初中、高中的学生综合实践活动基本目标提出了建议，但在具体的学校，特别是小学，面对一到六年级学生知识、能力的大跨度，活动地点和活动任务设计都应该突出年段特点，形成一种阶梯化的任务设计，使学生在6年的学习生活中参观走访的博物馆、展馆不重复，研究内容不断深化，能力发展层次递进。如前进小学一到六年级的博物馆课程，分别走进不同博物馆，而学生能力发展也遵循了“观察、比较——探究、分析——项目研究”的逐层深入的发展梯度，符合学生年段特点。

3. 任务设计注重校内外连接，使学生学习体验有机统一

前进小学博物馆课程设置，实际是一门学科综合活动。每一个年级的博物馆探究任务，都尽可能地把各个学科知识内容整合起来，使探究任务成为各个学科的练兵项目。活动结束后，各学科教师都会针对博物馆探究过程，开展一系列的延伸活动，帮助学生将综合实践课程转化为展示自我、深入学习的动力之源。

（二）在设计和组织实践博物馆课程中，除了借鉴以上经验外，还需要注意以下几点：

1. 系统设计实践探究任务

系统性指设计的博物馆课程不是独立于学校课程教学之外，在时间选择、任务设计、目的地挑选，以及不同年级的连贯性、衔接性等方面都要系统考虑，使博物馆课程真正成为课堂教育的有机补充，而非一项独立活动，更不是一次“说走就走的参观浏览”。

博物馆课程的活动方案设计应该是学校活动课程的一部分，使得活动方案行前有设计、行中有研究、行后有反思，每一个环节都是活动育人的具体实践。

另外，博物馆课程任务设计还要以学生的需求为标准，可以在活动地点、活动任务、活动方式的设计过程中充分征求学生的意见建议，使任务设计过程本身成为一个学习的过程。特别是对中学生而言，让学生去组织意向调研、选择地点、设计任务，也是很多现代学校育人的重要环节。

2. 充分运用好周边资源

博物馆的选择不是光看名气，而是要为立足学校整体课程设计，为学校育人目标落实、为学生实践能力培养等服务。博物馆课程的实施一定要带着研究任务，以任务定地点，以任务定时间。针对具体的探究任务，首先需要用好周边资源。在周边资源不足的情况下，

以周边资源为起点，逐步向相邻、相关资源延伸，使博物馆课程的实施真正成为学生探究的过程，充满考察的意味。在这样的基础上，博物馆才能成为实践育人、活动育人的重要资源和场所。对此，学校对博物馆的选择可以先从本区相关资源入手，然后拓展到全市，最后再往邻近省市和全国拓展。

3. 实施形式可以丰富多样

博物馆课程的实施形式可以多样化。除了最简单的统一班级单位外，后续还可以根据学生需要，组织同一班级的不同专题团队，甚至是以学校为单位的跨年级专题团队，开展相关博物馆的课程学习或专题任务的研究实践。同样，除了学校给定课时的博物馆探究活动，也可以鼓励学生家长、伙伴团队根据自己的研究喜好和任务，开展自主的博物馆探究活动。丰富多样的组织形式，使博物馆课程的组织和实施真正满足学生的研究需要，满足学生个性发展的需要，而非仅仅考虑组织的便捷性和简单化。

4. 与博物馆建立密切联系

好的博物馆课程设计和实施，离不开博物馆方面的支持和帮助。大多数博物馆也都有开展社会教育的职能部门和专业人员。在课程设计之初，学校就需要与博物馆相关工作人员进行联系，建立教育共同体。在博物馆工作人员的帮助下，熟悉博物馆的各种资源要素，为课程设计提供必要帮助。在课程实施中，可以聘请博物馆专题教育人员作为学校兼职教师，为学生开展必要的教育活动。在课程实施之后，学校教师和博物馆人员可以一起分享学生学习成果，研讨后续活动等。

全科式博物馆课程概述

如何有效利用身边的博物馆资源开展实践育人、活动育人课程？如何将博物馆资源纳入学校课程体系，构建系统的全科式博物馆课程，服务于学生全面发展？前进小学于2015年启动了博物馆课程项目，对此进行了研究探索。

一、全科式博物课程开发背景

（一）基于未来社会发展的需要

未来公民不仅需要扎实的基础知识，更需要广阔的视野、创新的精神、丰富的实践能力、多元的人文情怀、善于合作的能力、阳光自信的品格行为以及可持续的学习能力……这就需要教育向深层次发展，绝不能停留在学校中、教科书上，它需要更加丰富、更加开放的教育资源和学习形式作支撑。

（二）基于目前的教学现状及存在的问题

由于教师的视野不够开阔，实践活动仅仅在课堂开展，教师只关注知识和技能，如何为学生提供更开放的空间，让学生走出校门、走向社会、观察生活、关注自然、关心社会……增强学校与社会的密切联系，培养综合实践能力，提高学生的综合素养是需要研究的问题。

（三）基于国家课程标准的需要

教育部颁布的《基础教育课程改革纲要（试行）》中明确提出："积极开发并合理利用校内外各种课程资源。学校应充分发挥图书馆、实验室、专用教室及各类教学设施和实践基地的作用；广泛利用校外的图书馆、博物馆、展览馆、科技馆、工厂、农村、部队和科研院所等各种社会资源以及丰富的自然资源；积极利用并开发信息化课程资源。"这就要求基础教育各门学科课程都要将课程资源的开发与利用作为改革的一项重要内容。

（四）基于小学教育教学中课程资源匮乏的状况

充足的、便利的校内外课程资源是基础教育课程改革顺利推行的基本保障之一。但是，我国基础教育课程资源开发与利用的状况不容乐观。由于我国长期采用集中统一的国家课程开发方式，地方和学校课程开发相对滞后，课程资源的教育功能并未受到充分的认识和利用。长期以来，教科书一直被当作唯一的课程资源，造成课程资源的来源单一，各种校内外有价值的课程资源被闲置浪费。课程资源的开发主要依靠少数的学科专家，一线教师并没有认识到自己也是课程资源开发的主体这个事实。社会资源是课程资源的重要来源，是对学校课程资源的重要补充。

因此，开展小学走进博物馆课程建设研究，就是为了补充小学教育教学课程资源的不足，更好地完成国家课程标准要求的任务。

二、全科式博物馆课程意义

（一）拓宽社会教育服务范围，提高博物馆资源的利用效率

博物馆具有收藏、研究、教育等基本功能。对许多博物馆而言，较低的利用效率致使博物馆无法发挥强大的教育功能，这也阻碍着博物馆自身的发展。因此，拓宽社会教育范围，为学校教育服务，是提高博物馆资源利用率的有效手段。

（二）有助于探索博物馆教育与学校教育相结合的最佳途径

我国对博物馆课程资源的重视程度不高。学校教育对博物馆资源的利用，往往局限于参观、考察等一些简单的方式，没有将课程教学与博物馆资源深入有效地结合。随着社会的进步，人们对博物馆提出了更高的要求，重新定位博物馆的教育职能势在必行。博物馆课程资源的开发利用，势必增强博物馆的教育功能。加强与学校教育资源的合作，有助于探索博物馆教育与学校教育相结合的最佳途径。

（三）为转变学生学习方式提供条件保障

传统的课程往往以课堂、教师、教科书为中心。利用博物馆资源进行教学活动，有助于学生形成新的学习方式。在博物馆中，学生能够身临其境，置身于浓浓的氛围之中，各种馆藏的实物展品，再加上亲自动手实践、互动交流，可以满足学生的好奇心，提高学习兴趣，调动学习积极性，使学生尽可能多地利用所有的感官学习。由于学习内容是直接呈现出来的，同时凸显学习过程之中的发现、探究等认识活动，学习过程更多地转变为学生发现问题、提出问题、分析问题、解决问题的过程。学习方式的变化，有助于知识与技能、过程与方法、情感态度价值观三维目标的实现。

未来社会对优质教育的需求越来越高，培养新型的人才是我们努力的方向。基于我校的发展状况，我们将国家课程中的综合实践课程与博物馆资源进行整合，这样有利于促进课程之间的融合吸纳，共同构成学校课程的有机整体。随着知识体系不断出现新的分化与综合趋势，对于解决有限课时和知识量增加之间的矛盾，博物馆课程将充分发挥其作用。我们将博物馆课程的特点与小学生学习的特点相结合，针对不同年龄段学生的认知特点和能力发展的特点，让不同年龄段的学生开拓眼界，扩大知

识面，培养他们的思考能力和研究能力。

三、国外全科式博物馆课程经验

通过研究文献可以发现，对于世界范围内的很多学校来说，博物馆课程资源被看作学校课程开发模式的重要资源补充。国外很多博物馆都有专门的教育工作者和课程规划人员来支持中小学的课程实施和学生学习，因此博物馆课程资源开发在国外是一个相对成熟的研究领域。

美国的博物馆多设有教育部门。为了适应社会对教育的需求，美国几乎每家大、中型博物馆都专门设立教育部门。博物馆与学校有很密切的联系，博物馆已成为学校课程开展的重要场所并为学校教育提供专门的项目。美国现有的博物馆提供“K—12”(即“从幼儿到少年”)教育项目，70%的博物馆在过去五年中增加了面向学校、教师和学生的服务项目。典型的博物馆每年为学生提供 100 ~ 223 小时的辅导服务，保守估计，全美博物馆每年共为学生提供 390 万小时的服务。美国的博物馆已经成为从小学生到研究生学习名副其实的第二课堂，各种层次的学生都有相当一部分正式课程在博物馆的展厅进行。可见，美国博物馆课程资源的开发利用状况比较令人满意。

法国博物馆的“星期三现象”，使得博物馆课程支持学校课程已经成为一种传统。每周三下午，法国的小学和初中都停课，学生走出学校、走向社会。其中，博物馆就是他们的一个好去处。法国所有的国家博物馆都免费向教师及 18 岁以下的公民开放，并为他们提供许多服务项目，学生则利用这些优质的课程资源学习。法国的博物馆为学生提供多种多样的服务，如为儿童开设博物馆入门教育班，为学生开设实物教育班等。卢浮宫博物馆有众多别出心裁的服务项目，“艺术车间”、少年出版物和教师培训是其特色。全法国的中小学教师均可免费到卢浮宫接受三天至一周的艺术史培训。培训期间，教师可借阅馆内的图书音像资料，由资深馆员引导参观，聆听专题讲座等。

许多到国外博物馆参观过的人往往能见到一群孩子到古城墙边上听历史课，在科学与工业博物馆里动手感知科学原理，在艺术博物馆与世界名画零距离接触……这些博物馆与中小学良好合作的场景，恰恰是国内博物馆普遍的“软肋”。

国内目前还没有相对成熟的关于博物馆课程资源的专门研究，有一些对博物馆教育的相关研究主要集中在宏观视角下对博物馆教育功能的探讨以及博物馆作为学校教育资源的理论构想。也有一些研究者通过研究各种理论，或借鉴国内外不同类型的博物馆支持学生学习的有益经验，为博物馆教育的设计提出相关建议等，但微观层面的具体实践案例则微乎其微。在实践层面上，学校对博物馆的利用大多还处于简单游览和参观层面，很少涉及课程整合层面。如何在具体的教育情境中开发和利用博物馆课程资源也缺乏系统研究。

我们不难发现，目前国内在小学博物馆课程资源开发与利用的研究中，真正的针对博物馆资源，将国家课程进行校本化处理，把博物馆资源纳入学校课程体系，开发出系列的博物馆课程的具体案例还是很少见的。

四、全科式博物馆课程目标与内容

“博物馆课程”是一门以博物馆为载体，借助馆内丰富的资源，引导学生通过参观访问、动手操作、实践体验等方式走进博物馆学习实践，或者引入博物馆相关教育资源，聘请专业讲解员到校宣传指导，举办校内展览等，融合各学科知识，多角度、深层次地满足不同学生的个性化学习需求，提高学生综合素养的课程体系。

“小学全科式博物馆课程”是以小学一到六年级学生为服务和教育对象，开展多目标的、旨在提高小学生综合素养的文化教育课程体系。

（一）课程开发理论依据

1. 博物馆课程相关政策

《北京市中小学德育工作行动计划（2012—2015）》明确提出每年5月举办“博物馆之春”活动，鼓励中小学生走进博物馆。

近几年，北京市教委号召广泛开展“走进博物馆，师生同探究”主题社会实践活动，挖掘博物馆各方资源，将其与学校教学课程紧密结合，作为教学内容的延伸。这就在博物馆文化与学科知识间形成交集，为开发德育教育、文化教育、体育、生活技能教育、卫生习惯教育、劳动实践教育、美育教育等博物馆课程丰富储备。

2015年7月10日，北京市教委印发《北京市实施教育部〈义务教育课程设置实验方案〉的课程计划（修订）》的通知（京教基二〔2015〕12号）要求，2015年7月31日，海淀区印发《海淀区实施〈北京市义务教育课程设置实验方案〉的课程计划（修订）》。两份文件要求认真落实北京市基础教育部分学科教学改进意见精神，加强学科实践活动课程建设，中小学各学科平均应有不低于10%的学时用于开展校内外结合的学科实践活动。该类课程可以单一学科内容为主，也可综合相关学科开展；要求充分利用好中小学生社会大课堂实践基地、高校、科研院所、博物馆、科技馆、展览馆、纪念馆、企业、社会团体等社会单位资源，开发实施形式多样的实践活动课程。要关注课程的整体育人功能，以及学科内、学科间的联系与整合，加快综合实践活动课程的开发与实施，大力培养和践行社会主义核心价值观。

2. 建构主义理论

建构主义认为，儿童认知发展与学习过程密切相关，因此利用建构主义可以较好地说明人类学习过程的认知规律，即能较好地说明学习如何发生、意义如何建构、概念如何形成，以及理想的学习环境应包含哪些主要因素等。总之，在建构主义思想指导下，可以形成一套新的较为有效的认知学习理论，并在此基础上创造较理想的建构主义学习环境。

博物馆课程体系能很好地利用建构主义的特点，遵循学生认知发展规律，分段、分层次地进行系统学习。教师可利用博物馆这个立体的百科全书，轻松创设学生感兴趣的学习情境，引导学生自觉学习知识，构建完整的知识体系，从而达到提升学生综合素养的目的。

（二）课程开发目标

1. 形成适合一到六年级学生学习需求的博物馆课程体系

根据不同年段学生的特点、能力水平、发展规律和需求的分析研究，编写相关的课程内容，统筹安排各年级学生参与适合其特点和发展规律的博物馆实践活动，以满足不同年段学生的学习需求。课程分为低、中、高三个学段，以自然世界、空间科技、历史人文为层次进行系统学习，使每个学段的学生都能学有所得，形成适合学生发展的整套博物馆课程体系。

2. 探索适合一到六年级学生提高综合素养的途径

以博物馆资源为依托，设计适合不同年段学生参加的博物馆课程实践项目，根据各年级学习内容和学生最近发展区理论，在各级段间开展多样化体验活动。其共性为都具有较强的互动性和参与性，避免学生走马观花，促使活动生动有趣、丰富有效，培养学生的逻辑思维和语言表达能力，全方位提高学生的综合素养。在课程开发与实施的过程中，不断探索和总结提高学生综合素养的有效途径，使博物馆课程能够更大限度地发挥综合育人的价值。

3. 编写博物馆课程资源与活动手册

以教科书资源为素材，找到课堂所学知

识与博物馆实践活动的交集，探索学生在博物馆课程方面的兴趣点、发展需求，以及需要提高的综合素养、亟待解决的问题。充分利用博物馆的各种有利资源，例如环境资源、实物资源、图文资源、影像资源、数字模拟资源、人力资源等，开发不同学段博物馆课程资源。通过探究完善春、秋季课程实践活动，编成一到六年级相应的教科书和实践活动手册，最终形成较为完善的博物馆课程体系。

（三）课程内容设计

开发低、中、高学段的博物馆课程。低学段的课程以自然类、动物类博物馆为主，让学生认识大自然，认识生命的起源。中学段的课程以科技类、3D 设计空间类博物馆为主，让学生从物质到科技整体认识世界，提升空间思维能力。高学段的课程在此基础上向历史类、人文类的博物馆迈进，让学生客观理性地认识世界，提高学科综合素养。

1. 内容层级设计

低学段的学生以具体形象思维为主导，课程内容可以以自然类、动物类的博物馆为主，观看生动直观的展品，亲手触摸、亲耳聆听、亲身感受，在体验大自然的千奇百态、神秘生物的世界中，培养学生热爱生命的情感、敢于幻想的能力，为将来创造美好生活、改造现实世界埋下探索的种子。

中学段的学生对事物的认识逐渐理性，对需要独立思考的自主性学习作业感兴趣，动手能力强，操作步骤更加简练，并且中学段是学生由形象思维向抽象思维发展的关键期，此时的博物馆课程不但要提升学生的学习兴趣，而且要带有明确的学习目标及任务，通过任务单布置参观任务可以有效提升学生的设计思维能力。中学段课程可以以科技类、空间模型类的博物馆为主，学生在体验现代科技中，学习科学技术，认识空间创意设计在生活中的重要作用，以提高创新意识。

高学段的学生已具有一定知识经验积累，具有初步的抽象思维能力，开始提出有质量的问题。博物馆课程在学生已有知识背景的基础上，加强对参观的事物进行整体性和关键性细节的认识，培养观察能力、分析能力以及质疑能力。高学段学生可以向历史类、人文类的博物馆迈进，以了解历史，认识事物发展的规律，客观地认识世界。这能弥补校园内课程内容的不足，让学生全方位、立体式地学习知识，把学生培养成博学多才、综合能力更强的一代新人。

2. 活动评价设计

在每一次博物馆实践活动中，都设计有集知识性、实践性和趣味性于一体的课程评价内容，将竞猜、问答、互评等附在学生实践活动手册上，根据答题正确率给予参与答题的学生相应奖励，以此鼓励学生积极有效地参加活动，同时检测实践效果，收集分析调查数据，利用分析报告指导下一次活动。

五、全科式博物馆课程实施条件及策略

（一）课程实施条件

博物馆课程要充分结合学生年龄特点、学校育人目标以及学校周边资源条件创新实施，也要有效整合利用各级各类资源，丰富课程与学生学习方式。我校地处北京市北三环与北四环之间，南接北京电影学院，北邻北土城段元大都遗址公园，优越的地理位置使我们参观走访博物馆更加便利，可以说具有得天独厚的地缘优势。

博物馆相对于学校教育，拥有更为直观具体的展品、演示品，可以为学生提供丰富的学习和教育资源，再加上博物馆氛围轻松，可以开展形式多样的探索性学习活动，这些活动将极大地提高学生各个方面的能力。博物馆课程旨在培养学生多学科知识综合运用能力，增强其自主学习能力，丰富其生活实践经验，从而逐步提高可持续发展性学习所必备的学科核心素养，从小培养学生的社会主义核心价值观。

学校致力于挖掘博物馆教育资源，将博物馆作为课程实践基地，按照低、中、高学段学生知识储备和能力层级进行分级，打破学科壁垒，强调交叉运用多学科知识，充分发挥学生自主学习潜力，培养学生自主探究能力，同时提升可持续发展性学习所需要的社交礼仪、人文科学、设计思维、健康审美等多种素养。

（二）课程实施策略

根据学生的心智发展特点，课程前期教师引导学生通过图书馆、互联网等查阅资料，选择他们感兴趣的内容入馆参观学习。在学习过程中，学生通过拍照、做笔记的方式来记录学习过程，并在课后对所学内容进行整理展示。低学段学生可以用照片、绘画、表演的形式展示，中学段学生可以利用思维导图的形式进行交流，高学段学生可以通过写成探究报告、制作 PPT 或开展小实验进行汇报。学校根据各年级、各班的情况将学生的学习成果整理总结，制作学生作品集。

博物馆课程可以按照校内课程与校外实践分别开展。校内根据各年级学生的特点，选择相关主题，编写相应的校本教材和学生实践活动手册，每个年级安排相应的课时进行授课。每学期选择 1 ~ 2 个主题进行校外实践，学生在校内学习的基础上进行实际参观体验，完成实践活动手册的填写及各种形式的展示。校内校本教材分年级进行编写，最后将学生的学习活动成果进行展示评价。

尝试在音乐、艺术等优势学科领域进行资源整合与融合，依托博物馆场馆设施、专业讲解服务等特色资源搭建“馆校合作”双向教育平台，在博物馆内开设相关课程，聘请博物馆专业人员到校进行培训和讲座，在学校与社会教育资源间形成合力，构建起“走出去，请进来”的新型教育模式。

1. 第一阶段：查阅和梳理各年级教科书

我们尝试将研学旅行与博物馆实践活动进行了联合实施。组织小学学生进行长时间、远距离的研学旅行活动具有一定的操作难度和风险性。如何有效解决这些问题，我们经过教师团队的不断探索，找到了新的结合点：将小学研学旅行的目的地定在本市各大博物馆，将研学旅行的内容与博物馆实践活动紧密结合，充分利用北京丰富的博物馆资源开展综合实践活动。我们认为，博物馆内容的丰富性，博物馆场地的安全性、易组织性，以及面对集体和团队的良好接待能力，都非常适合小学生的实践活动，是小学特别是小学低学段开展半天、一天综合实践活动的首选资源。

首先，根据不同年级学生的心智发展特点，对年级学科的教科书内容进行梳理，总结出可以借助本市的博物馆这一载体，进行学习和探究的内容。教师引导学生通过图书馆、互联网等方式查阅资料，选择他们感兴趣的内容入馆参观学习。

如：人教版一年级语文上册教科书中虽然没有以动物为主题的单元，但是整本教科书中很多篇目都介绍了动物的特点。儿歌《说话》用拟人的手法描摹了大自然中的一些声音，尤其是动物的声音；儿歌《比尾巴》以对话的形式介绍了六种动物尾巴的特点；童话《小蜗牛》介绍了蜗牛爬得慢的特点；儿歌《雪地里的小画家》则让儿童了解到小动物脚印的形状各不相同。这四篇课文为儿童呈现了不同动物各自不同的特点，激发了儿童进一步了解动物的兴趣。通过主题课文的学习，了解动物不同方面的特点，激发学生探索动物秘密的好奇心。一年级数学要帮助学生建立分类的思维模式，同时学生还要学习从不同角度观察物体。科学学科也有要求观察动物外形，初步给动物进行分类的内容。美术学科学画小动物更是不可缺少的教学内容，要求学生能够从不同角度认识自己眼中的动物形象，抓住动物的基本特征，并用画笔画出来。形体学科要求学生观察动物的形态特点，通过肢体动作进行模仿，来理解肢体动作的语言表达作用。体育学科则要求学生以动物为观察对象，观察动物行走的方式及姿态并进行模仿，建立对行走这个动作的认知，进而锻炼协调能力，发展运动能力。音乐学科要求学生观察动物，听动物的叫声并进行模仿，进一步利用音乐元素表现动物的行走和叫声。这些学科都与动物有关，学生认识到动物是自然界不可或缺的部分，是人类的朋友，进一步树立保护动物的意识，懂得要与动物和谐相处。

北师大版二年级语文上册教科书中，第八单元《书的世界》是开放的，具有承前启后的作用。在一年级上册，教科书就安排了培养学生每天阅读的习惯、认识书的目录等学习内容，意在激发兴趣、培养习惯。该单元引导学生回忆自己的读书经历，开展各种与读书有关的适合二年级学生的实践活动。

四年级则以调查问卷的形式开展调查研究，借此了解学生感兴趣的主题（或单元）和学习状况、对博物馆的需求，确定方向。

对教科书的梳理以及对学生的调研，对于教师来说就是一次学习的过程，梳理中我们可能遇到这样或那样的问题，但通过梳理，我们加深了对教科书的认识，并且找到了相关学科内容与博物馆更好的结合点，同时对提高学生综合素质形成了新的认识。

2. 第二阶段：甄选相关教学内容，开展课例研究

在项目组和老师们讨论后，我们确定以语文学科内容为切入点，其他各学科结合自己学科的内容融入其中，形成主题探究、学科融合的特点，服务学生综合素养的提高。从一到六年级，每一个博物馆课程都有具体的活动目的和主题设计，帮助学生在走进博物馆、开展探究学习过程中，有所收获、有所发展。

同时，帮助教师提升跨学科整合的能力。除了相近学科同一领域的整合之外，还进一步加强了语文、数学、外语等学科在实践活动中的应用。此外，尤其注重引导教师关注联系学生的生活实际，有效地将学科内容融入学生生活实践中，使博物馆课程实践活动成为课内学习的有益补充。北京各大博物馆成为孩子们学习和解决问题的场所，孩子们开始带着任务走进博物馆了。

这样的研究，不仅加深了我们对相应学科内容的理解，更在不断加深着我们对提升学生综合素养有效途径的探索和实践。而且在具体的课程实践研究过程中，我们对学生进行了观察、调研、分析，欣喜地发现他们在学习前后的一些变化。我们每一位参与研究的成员在课例研究中都提高了认识，我们整个团队没有一个人掉队，在更多的课例研究中丰富认识并形成系统。

3. 第三阶段：反思梳理实践经验

经过研究和实践，结合小学生的年龄特点，最终梳理出在低、中、高不同学段应培养的学生的能力；并且了解了北京市多家博物馆与学科教学的结合点；研究的重点是如何体现在具体的课程方案中。相关内容的梳理已经提高了项目组成员对相关内容的认识，课程方案的研究既加深了项目组成员对教学内容的理解，又加大了成员们对提升学生综合素养有效途径的把握，使博物馆课程能够更大限度地发挥综合育人的价值。

六、全科式博物馆课程特色

（一）在学校课程层面，博物馆课程成为学校“勤·思”课程体系的重要一环

博物馆课程作为学校“勤·思”课程体系的重要支撑，是必不可少的。“以综合实践活动促进学生发展”的教育理念实现了学科育人新途径，课程改革凸显了以学生为本，为学生设计了符合认知规律的活动方案，是以现代化教学理念为出发点和目的的实践。学生综合实践活动的意义不在于研究的结果有多么准确，不在于有多大的社会价值，而在于他们在亲身经历中体会到的学习价值和学习乐趣。当

看到学生认真地记录实验数据，同学之间互帮互助，在交流中逐步体验、发展，认真评价自己参与活动的表现时，我们活动的目的就达到了——真正让学生“活”起来，“做”出来。

（二）在实践活动课程层面，创造性地建构了博物馆课程体系和实践活动课程群

博物馆课程是学生在教师的引导下自主进行的综合性学习活动，是基于学生的经验、密切联系学生自身生活和社会实际、体现对知识的综合性应用的实践性课程。

从课程结构来看，体系和内容发生了巨大变化，传统的一门课变成多项具体的实践活动课程。以人为本、注重发展“教学与实践融合”，实现了课程的创新；专题化设计使得知识内容被整合优化，提高了教学效率。这是课程体系、课程内容、教学方法的深度改革创新和具体化，为小学教学提供了一种全新的视角，其教学效果体现了其应用价值，并且具有一定的推广价值。

（三）在课程实施层面，创造性地拓展了课程时空，提高了课程整体育人的实效性

博物馆课程是一门实践性、开放性很强的课程，它通过有效的活动将家庭、学校、社会联系在一起，社会是开展综合实践活动的平台，学生走出课堂，到大自然和社会中学习。强化“实践能力”的多层次、跨学科的设计，增加了教学方式的类型，将实践创新融入日常教学，混合学习、课内课外、校内校外，学习时空发生改变，课程改革促使教和学的时空变化。综合实践活动全程覆盖师生教育教学全过程，符合与时俱进的教育教学规律，利于培养学生的创新意识、提升学生的认知和实践能力、提高课程整体育人的实效性。

（四）在课程评价层面，结合学生发展核心素养和学业质量标准，研究出了适合本校学生实际需求的新型评价方式

课程评价是保证博物馆实践活动顺利开展的重要手段，这包括对学生在活动过程中认识水平、认识方法的评价。博物馆课程学习追求学生思维水平、情感态度等内在品质的发展。这些发展形成于活动过程之中，是用质性评价、自然描述法评价及档案袋评价等关注过程、关注发展的评价理念和方法来评价学生的发展。

以人为本，注重师生发展。师生共同进行符合教育规律的综合实践活动课程，培养了师生的创新精神和实践能力。教师团队沉浸于课程研发与实施中，不仅顺利实现了知识传授、能力培养、价值观树立与学生发展等目标，也实现了教师专业成长及教师队伍的结构性创新。

其主要目的是最大限度扩展学生的学习空间，强调学生通过实践增强探究和创新的意识，学习科学研究的方法，提高综合运用知识的能力，增进学校与社会的密切联系，培养学生的社会责任感。

Part 2

课程设计

全科式博物馆课程育人目标

——以国家动物博物馆课程为例

一、全科式博物馆课程总体育人目标

本课程根据学生年龄特点，以“认识—发现—研究”模式进行探索。

根据小学新课程标准、小学阶段的课程目标，遵循六年一贯的整体设计理念，课程标准在“总目标”之下，小学按第一学段(一、二年级)、第二学段(三、四年级)、第三学段(五、六年级)分为三个学段，分别提出“阶段目标”，体现课程的整体性和阶段性。各个学段相互联系，螺旋上升，最终全面达成总目标。

二、全科式博物馆课程学段、学科育人目标

（一）第一学段（一、二年级）

儿童身心发展规律研究结果表明，处在这一学段的学生形象思维活跃，善于模仿想象，对一切事物充满好奇与期待。因此，在国家动物博物馆的全科式课程设计中，保护本学段学生的求知欲、好奇心、想象力尤为重要。本课程在实施过程中注重引导学生说与做结合，提出问题、共同讨论；画与写结合，学习观察、鼓励学生自由表达和有创意地表达；读与演结合，情景交融、快乐分享；贴近学生的生活，引导学生了解中国传统文化中的动物，体会中国传统文化的博大精深，增强民族自豪感和爱国情怀。

全科式国家动物博物馆课程设计与这一学段学科教学的关系对应如下：

1. 语文

（1）对比三种濒危动物的犄角，进行诗歌创编。对应的语文课堂教学：

人教版一年级上册课文《比尾巴》。

（2）初步认识动物（外形、习性、特点），用各种形式（口语表达、绘画、模仿、摄影等）记录并简单描述自己感兴趣的动物。对应的语文课堂教学：

人教版二年级上册课文《小蝌蚪找妈妈》、口语交际“有趣的动物”；

人教版二年级下册课文《大象的耳朵》《蜘蛛开店》《小毛虫》。

（3）了解中国传统文化（成语、生肖、神话）中的动物。对应的语文课堂教学：

人教版二年级上册课文《坐井观天》《狐假虎威》；

人教版二年级下册课文《亡羊补牢》、西南师大版二年级上册课文《十二生肖歌》。

（4）感知人与动物之间的关系（和谐相处、互帮互助）。对应的语文课堂教学：

人教版二年级上册课文《拍手歌》。

（5）能在好奇心的驱使下，对常见的动物产生浓厚的探究兴趣（绘画、拍照）。对应的语文课堂教学：

人教版二年级下册课文《枫树上的喜鹊》《我是一只小虫子》。

（6）珍爱生命，保护身边的动植物，意识到保护环境的重要性。对应的语文课堂教学：

所有以上罗列的与动物有关的课文等。

2. 数学

（1）初步认识动物，给图片中的动物分类。对应的数学课堂教学：

人教版一年级下册单元《分类与整理》。

（2）认识方向，在给定一个方向的条件下，能辨认其余方向，能辨认地图上的方向，辨认物体间的相对位置关系，建立空间观念。对应的数学课堂教学：

北师大版二年级下册单元《东南西北》《辨认方向》。

（3）认识生活中的大数，理解大数的实际意义，学会运用大数进行表达和交流；描述一些生活现象，感受大数与现实生活的密切联系；能正确数、读、写万以内的数。对应的数学课堂教学：

北师大版二年级下册单元《生活中的大数》。

3. 美术

色彩搭配、颜色、花纹、外形。

4. 科学

对应的科学课堂教学：

教科版一年级上册单元《比较与测量》；

教科版一年级下册单元《动物》，课文《观察一种动物》《给动物建个“家”》；

教科版二年级上册单元《我们的地球家园》课文《土壤——动植物的乐园》。

（二）第二学段（三、四年级）

这一学段的学生在小学教育中正好处于从低学段到高学段的过渡期，孩子们已经从被动学习向主动学习转变，有了自己的想法。因此，本学段全科式国家动物博物馆课程设计着重培养学生能提出学习和生活中的问题、有目的地搜集资料、共同讨论的能力。在课程的实施过程中引导学生观察自己的所见；用书面或口头方式表达自己的观察所得；在活动中学习，尝试运用所学知识和能力解决简单的问题。

国家动物博物馆课程设计与这一学段学科教学的关系对应如下：

1. 语文

对应的语文课堂教学：

人教版三年级上册课文《搭船的鸟》；

人教版三年级下册课文《古诗三首》《燕子》《昆虫备忘录》《蜜蜂》《小虾》及习作“国宝大熊猫”。

2. 数学

对应的数学课堂教学：

人教版四年级下册单元《图形的运动（二）》。

3. 科学

对应的科学课堂教学：

教科版三年级下册单元《动物的一生》；

教科版四年级下册单元《新的生命》。

4. 音乐

感受与欣赏领域，在音乐教学中用艺术形式来表现。

5. 舞蹈

肢体语言、模仿、造型、展示、创作。

（三）第三学段（五、六年级）

这一学段的学生开始关注社会，并有自己的见解，学习兴趣广，开始独立思考、追求与探索。因此，本学段全科式国家动物博物馆课程设计倡导自主、合作、探究的研究性学习，引导学生利用图书馆、网络等信息渠道获取资料、撰写研究报告，培养学生提出问题、解决问题的能力。

国家动物博物馆课程设计与这一学段学科教学的关系对应如下：

1. 语文

（1）应用文阅读　在解决问题过程中，学会处理大量的文字材料，从中筛选、整理信息，掌握获取信息的基本能力。

（2）口语交际　在小组合作交流中，能用恰当的方式和语言与同伴进行沟通、交流，积极讨论，得出结果。

（3）应用文写作　在学习后期，能将学习所得的成果或结论通过调查报告、研究报告等应用文形式呈现出来。

2. 数学

（1）统计与概率　从展厅内的大量统计图中提取有用信息，并加以分析，得出结论。运用的是数学统计教学中统计图的知识。在调查和课题研究的过程中对收集到的数据，运用所学的统计图表知识进行整理，并做分析。

（2）综合实践　五年级的调查和六年级课题研究的整体流程，运用了小学数学综合与实践课堂中学习过的研究问题的一般流程。

3. 科学

对应的科学课堂教学：

教科版五年级上册单元《生物与环境》；

教科版六年级下册单元《微小世界》；

教科版六年级上册单元《生物的多样性》。

4. 信息技术

检索信息、制作 PPT 等。

全科式博物馆课程案例

认识动物 有趣探秘

第一学段

课程主题

1. 认识博物馆
2. 有趣的动物大聚会
3. 动物与人的关系
4. 中国传统文化中的动物
5. 保护动物我最行
6. 保护野生动物有赖你我
7. 人与自然和谐共生

课程目标

1. 认识博物馆，了解参观博物馆的一般流程（安全通道、安全标识、展馆分布）、参观礼仪等。
2. 初步认识动物（外形、习性、特点），用各种形式（口语表达、绘画、模仿、摄影等）记录，并简单描述自己感兴趣的动物。
3. 了解中国传统文化（成语、生肖、神话）中的动物。
4. 认识人与动物之间的关系（和谐相处、互帮互助）。
5. 能在好奇心的驱使下，对常见动物产生浓厚的探究兴趣（绘画、拍照）。
6. 珍爱生命，保护身边的动植物。
7. 意识到保护环境的重要性。

学习计划和学时安排

认识博物馆	有趣的动物大聚会	动物与人的关系	中国传统文化中的动物	保护动物我最行	保护野生动物有赖你我	人与自然和谐共生
2 课时	2 课时	2 课时	2 课时	2 课时	2 课时	2 课时

导语：

同学们，我们和数以亿计的植物、动物和微生物共同生活在地球上。留心观察一下我们的周围，你就会发现我们每天都在和它们打交道。有一个地方，让你能集中认识很多动物，你知道是哪里吗？这个地方就是国家动物博物馆。

一年级

主题一

认识博物馆

什么是博物馆

博物馆是征集、典藏、陈列和研究代表自然和人类文化遗产实物的场所，并对那些有科学价值、历史价值或者艺术价值的物品进行分类，为公众提供知识、教育和审美体验的文化教育机构、建筑物、地点或者社会公共机构。博物馆是非营利的永久性机构，对公众开放，以学习、教育、娱乐为目的，为社会发展提供服务。

国际博物馆日

国际博物馆日定于每年的 5 月 18 日，由国际博物馆协会（ICOM）发起并创立。为促进全球博物馆事业的健康发展，吸引全社会公众对博物馆事业的了解、参与和关注，国际博物馆协会向全世界宣告 1977 年 5 月 18 日为第一个国际博物馆日，并每年为国际博物馆日确定活动主题。这一天，世界各地博物馆都将举办各种宣传、纪念活动，庆祝自己的节日，让更多的人了解博物馆，更好地发挥博物馆的社会功能。

国家动物博物馆

国家动物博物馆是世界公认的、亚洲最大、研究水平最高、综合实力最强的动物系统分类与进化研究中心。国家动物博物馆收藏和展示了大量的动物标本，重点介绍了动物的系统与进化、多样性、保护等方面的动物科学知识。博物馆由动物标本馆和展示馆两部分组成，馆藏标本超过 500 万号，数量为亚洲第一。

国家动物博物馆楼层平面图

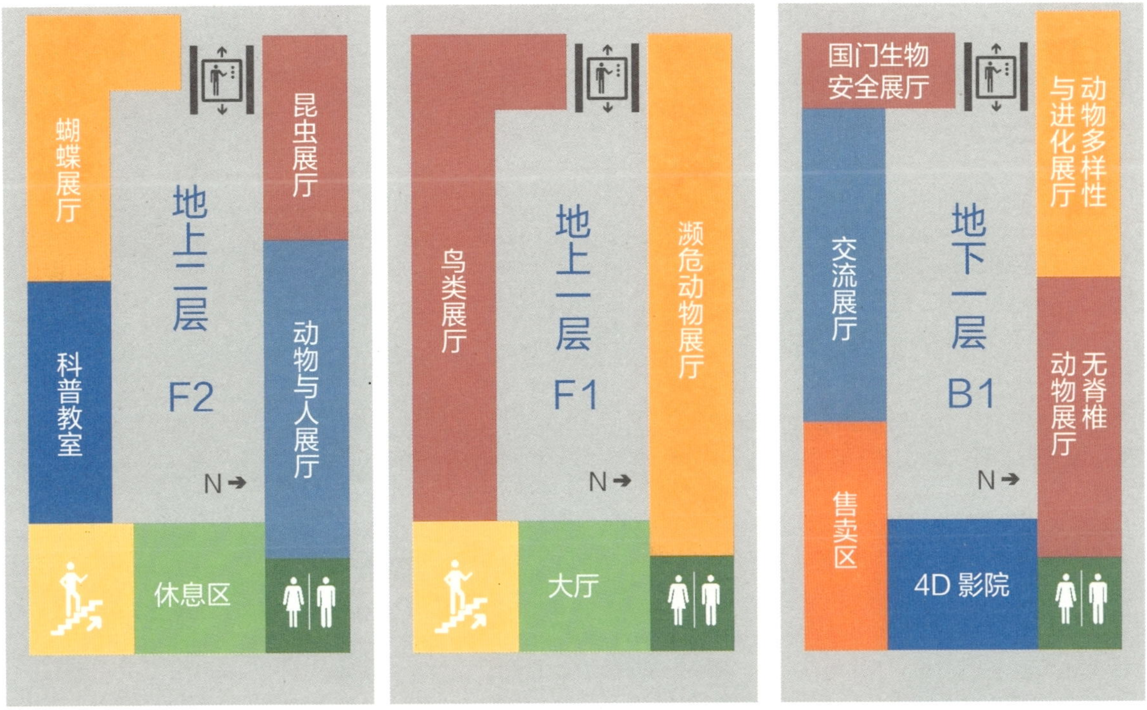

国家动物博物馆一角

参观礼仪

- 在参观过程中保持安静，轻声交谈。
- 尊重讲解员，认真听和看，当自己提问获得回答后，要表示感谢。
- 严格遵守馆内制度，不要随意触摸。
- 未经许可，不擅自进入标明“谢绝入内”的场所。
- 保持展馆内环境清洁。

活动前期准备

- 了解国家动物博物馆交通、开放信息。
- 在家长的帮助下，通过图书、上网查资料等方式，了解你喜欢的动物的名称、外形。
- 观看有关动物的最新纪录片，如《七个世界　一个星球》。
- 关于动物，将你想问的问题记录下来。

观察动物的方法

1. 要注意观察动物的外形特点。例如：观察猫时，要观察头、身体、四肢、尾巴的特点（如形状、颜色等）。
2. 要按一定的顺序进行观察。一般原则是由上到下，从头至尾。
3. 要注意观察（或查阅）动物的习性，如喜欢吃什么、运动方式等。

展厅介绍

一切都为了飞行——鸟类展厅

你想知道鸟类在湿地、海洋和高原生活的场景吗？你想看一看鸟类迁徙的壮观场面吗？你想听一听婉转悦耳的鸟鸣声吗？鸟类展厅让你大开眼界！

昆虫总动员——昆虫展厅

“会移动的宝石”——甲壳虫，“夜之精灵”——蛾子，凶猛的捕食性昆虫——虎甲、螳螂，温文尔雅却置其它动物于死地的寄生蜂、寄生蝇，伪装植物枝叶的竹节虫、螽斯……如果你想了解昆虫的多样性，学习有关昆虫的知识，就请走进昆虫展厅仔细参观吧！

大自然的舞姬——蝴蝶展厅

蝴蝶以其绚丽的色彩、优美的舞姿，赢得了“会飞的花朵”“大自然的舞姬”等美誉。那么，如何正确区分蝶与蛾？蝴蝶的一生是怎样度过的？世界上有多少种蝴蝶？中国有哪些受保护的蝴蝶？在这里你都能找到答案。

动物：人类的朋友——动物与人展厅

动物为人类生活提供了丰富的物质资源，人们在利用动物创造美好生活的同时，不要忘记人类并不是地球的主宰。对于动物，我们应尽力去保护它们，以弥补过去对它们的伤害，挽回与它们之间的友谊，携手并进，共创美好家园，促进人与动物、与自然和谐稳定地发展。

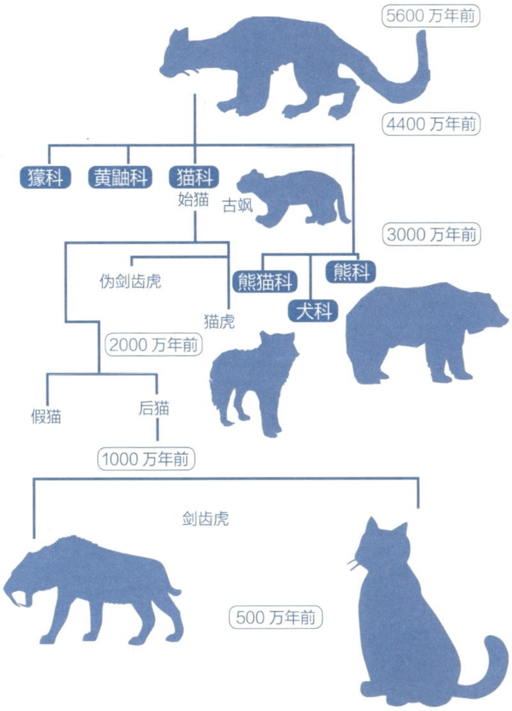

探寻生命的起源——动物多样性与进化展厅

什么是生物的多样性？生物是如何起源的？大陆漂移与动物分布有哪些关系？带着这些问题，一起去探个究竟吧！

动物王国的大家族——无脊椎动物展厅

“珊瑚”“贝壳”“蚯蚓”“蜘蛛”……你将看到多姿多彩的动物标本实物，你将对无脊椎动物有一个较为全面的认识。

拿什么拯救你——濒危动物展厅

地球上大部分动物的濒危与人类有直接或间接的关系。在这里有我国特有和珍稀的动物标本，有我们耳熟能详的动物明星，也有我们从未谋面的陌生动物。虽然它们形态各异、姿势各异、表情各异，但是它们都是地球的主人，它们也有权利享受地球的资源。

国门生物安全展厅

在这里我们能了解保护国门生物安全的紧迫性和国门生物安全危机的严重性，作为小学生的我们也要尽自己的一份力量，做一名国门生物安全的宣传者和保护者，为保护生态平衡贡献力量。

语文老师小提示

1. 参观博物馆带好本和笔，方便记录学到的知识。
2. 进入博物馆先了解一下博物馆的展厅、安全通道、洗手间的位置。

想一想

参观了国家动物博物馆，让你印象深刻的是哪几个展厅？你能用思维导图的方式整理一下吗？

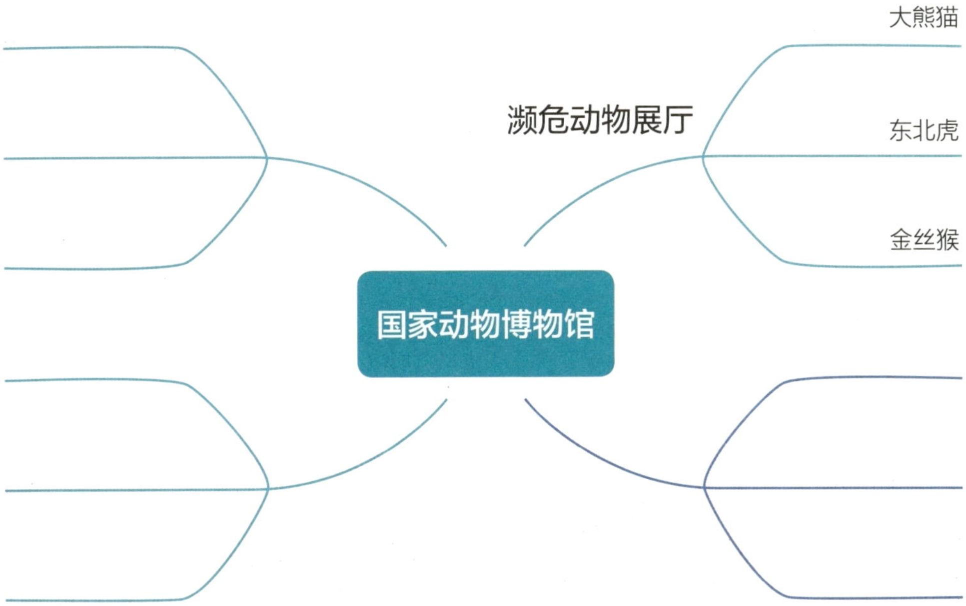

评一评

班级__________ 姓名__________ 日期__________

评价项目	评价内容	自评	互评
我了解	1. 什么是博物馆 2. 国际博物馆日是哪天	☆☆☆☆	☆☆☆☆
我做到	1. 参观过程中保持安静，轻声交谈 2. 尊重讲解员，认真听和看 3. 遵守馆内规则，不随意触摸 4. 未经许可，不擅自进入标明“谢绝入内”的场所 5. 保持展馆内清洁	☆☆☆☆	☆☆☆☆
我收获	1. 我能在各个展厅找到自己喜欢的动物 2. 我能完成属于自己的思维导图	☆☆☆☆	☆☆☆☆

主题二

有趣的动物大聚会

动物是我们亲密的朋友，更是我们的伙伴，它们和我们一起组成了丰富、美丽、和谐的世界。博物馆是一把钥匙，让我们一起打开“动物的世界”的大门，去认识它们、了解它们。

认一认

这些动物你都认识吗？

1

2

3

4

5

6

7

8

9

10

11

12

找一找

你在哪个展厅中看到了它们的身影？

我在________________________展厅看到了它们，它们的名字是：

1 ____________ 2 ____________ 3 ____________ 4 ____________

5 ____________ 6 ____________ 7 ____________ 8 ____________

9 ____________ 10 ____________ 11 ____________ 12 ____________

画一画

拿起你手中的画笔，根据你在国家动物博物馆看到的孔雀形象，把这只孔雀打扮得更漂亮吧！

认一认

这些动物你都认识吗？

1

2

3

4

5

6

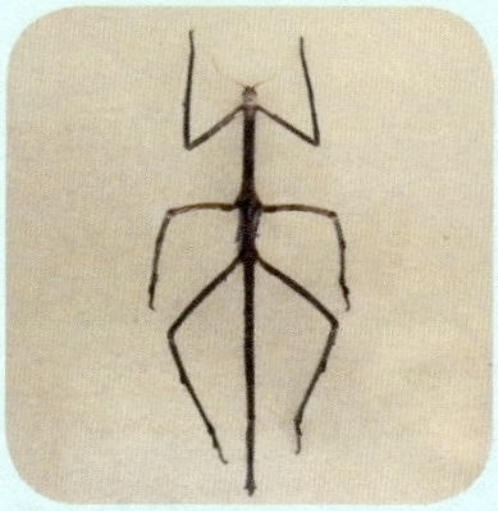

7

8

9

10

11

12

找一找

你在哪个展厅中看到了它们的身影？

我在＿＿＿＿＿＿＿＿＿＿＿＿＿＿展厅看到了它们，它们的名字是：

1 ＿＿＿＿＿＿ 2 ＿＿＿＿＿＿ 3 ＿＿＿＿＿＿ 4 ＿＿＿＿＿＿

5 ＿＿＿＿＿＿ 6 ＿＿＿＿＿＿ 7 ＿＿＿＿＿＿ 8 ＿＿＿＿＿＿

9 ＿＿＿＿＿＿ 10 ＿＿＿＿＿＿ 11 ＿＿＿＿＿＿ 12 ＿＿＿＿＿＿

画一画

在这个展厅中你最喜欢哪种小动物呢？

你能按照从头到尾的顺序将它重要的身体部位标注出来吗？

例：

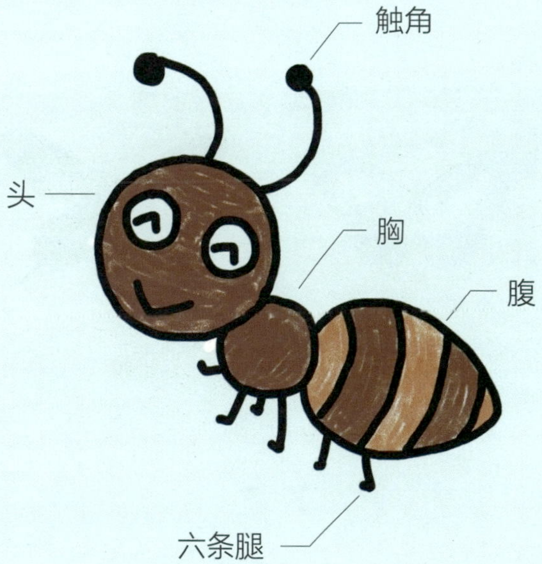

科学老师小提示

1. 昆虫身体明显分为头、胸、腹三部分，每部分都由若干环节组成。
2. 成虫有三对分节的足，分别长在三个胸节上。
3. 大多数昆虫的成虫胸部都长着两对翅。

认一认

这些动物你都认识吗？

1

2

3

4

5

6

7

8

9

10

11

12

找一找

你在哪个展厅中看到了它们的身影？

我在____________________展厅看到了它们，它们的名字是：

1 __________ 2 __________ 3 __________ 4 __________

5 __________ 6 __________ 7 __________ 8 __________

9 __________ 10 __________ 11 __________ 12 __________

画一画

拿起你手中的画笔，把蝴蝶仙子打扮得更漂亮吧！

分一分

小朋友你们看，我们的动物世界多么美丽呀！雄鹰在飞翔，熊猫在嬉戏，老虎在丛林深处奔跑，孔雀张开了美丽的尾巴，黄鹂和百灵在放声歌唱。你能帮这些动物朋友找到家吗？（把序号填在对应的房子里）

1 孔雀

2 锦鸡

3 大雁

4 雄鹰

5 猛虎

6 黄鹂

7 百灵

8 熊猫

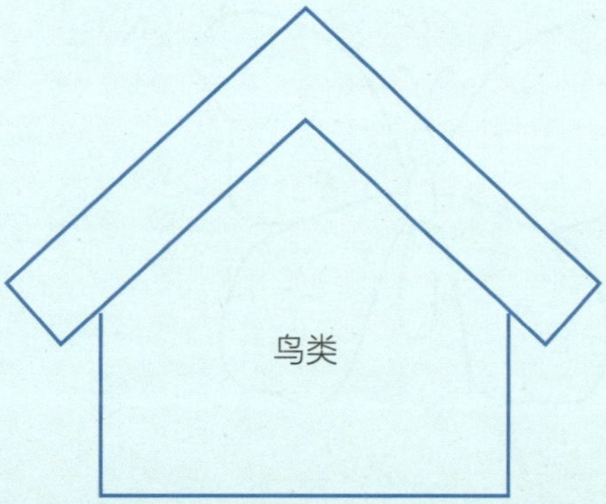

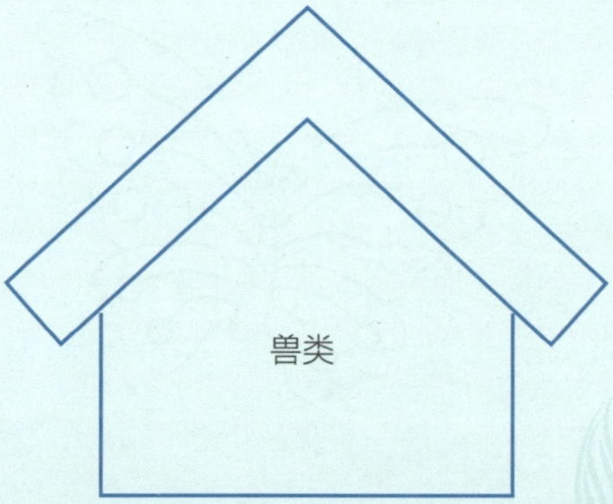

美猴王头上两根长长的须叫花翎。

找一找

花翎是＿＿＿＿＿＿＿＿＿＿的羽毛。

我在＿＿＿＿＿＿＿＿＿＿展厅找到的。

1 想一想哪种动物有羽毛。

2 我们应该到哪个展厅去寻找?

找一找

目前世界上最大的鸟蛋是谁的蛋？最小的呢？

最大的鸟蛋是

____________________的蛋。

最小的鸟蛋是

____________________的蛋。

连一连

认一认

这些动物你都认识吗?

1

2

3

4

5

6

7

8

9

10

11

12

找一找

你在哪个展厅中看到了它们的身影？

我在______________________展厅看到了它们，它们的名字是：

1 ______ 2 ______ 3 ______ 4 ______

5 ______ 6 ______ 7 ______ 8 ______

9 ______ 10 ______ 11 ______ 12 ______

写一写

比犄角

作者：________________

谁的犄角（　　　）？　　　（　　　）的犄角（　　　）。

谁的犄角（　　　）？　　　（　　　）的犄角（　　　）。

（　　　）的犄角好像小树杈？　　　（　　　）的犄角好像小树杈。

我知道

2013 年 12 月 20 日，联合国大会第六十八届会议决定指定每年的 3 月 3 日为世界野生动植物日，旨在提高人们对世界野生动植物的认识。2020 年 3 月 3 日，联合国的宣传主题为“维护地球上所有的生命”，中国主题为“维护全球生命共同体”。

我知道

为保护和拯救珍贵、濒危野生动物，保护、发展和合理利用野生动物资源，维护生态平衡，我国制定了《中华人民共和国野生动物保护法》。

检察官倡议

做保护野生动物的“宣传员”： 树立“保护野生动物就是保护人类自己”的理念，自觉遵守保护野生动物的法律，争做文明、守法、有爱心的小学生。

做保护野生动物的“践行者”： 拒绝食用野生动物，劝告亲朋好友不食用野生动物。行动起来，爱护花草树木，保护森林和湿地，为野生动物创造更适宜的生存环境。

做保护野生动物的“监督员”： 积极劝说阻止、举报各类破坏自然、伤害野生动物的行为，做保护生态环境的模范。

评一评

班级＿＿＿＿＿＿ 姓名＿＿＿＿＿＿ 日期＿＿＿＿＿＿

评价项目	评价内容	自评	互评
我认识	1. 我认识图片中的动物 2. 我能找到图片中动物所在的展厅	☆☆☆☆	☆☆☆☆
我创作	1. 我能把孔雀打扮漂亮 2. 我能把蝴蝶打扮漂亮 3. 我会照样子创编诗歌	☆☆☆☆	☆☆☆☆
我知道	1. 我能给动物分类 2. 我知道动物的身体各部位名称 3. 我知道世界野生动植物日是哪天	☆☆☆☆	☆☆☆☆

一年级博物馆课程学习总评

评价内容	自评	师评
1. 参观博物馆时，不大声喧哗，遵守公共秩序	☆☆☆☆	☆☆☆☆
2. 能注意到参观了哪些展厅，并能找对、找全展厅	☆☆☆☆	☆☆☆☆
3. 选择适合自己的记录方式，记录观察内容	☆☆☆☆	☆☆☆☆
4. 认真填写《博物馆课程手册》，书写干净整洁	☆☆☆☆	☆☆☆☆
5. 完成学习任务后，能大胆交流自己的发现和收获	☆☆☆☆	☆☆☆☆

导语：

小朋友们，我们和植物、动物共同生存在这个美丽的蓝色星球。真正美好的地球家园，是人与自然的和谐共生。我们需要地球，但我们只有一个地球，不能一味地对它进行索取，更应该对它进行悉心保护。让我们一起为地球添一抹绿色，一起保护身边的动植物，共同来守护这个蓝色星球的美好未来吧！

二年级

主题三

动物与人的关系

认一认

这些动物你都认识吗？

（　　）

（　　）

（　　）

写一写

你还认识哪些动物呢？请你介绍一种你喜欢的动物的外形特征。

____

____

语文老师小提示

1. 有序描写动物的外形特征。（从头到尾、从上到下等）
2. 描述清楚，语句通顺。

活动前期准备

- 查找“十二生肖”资料及图片，背诵“十二生肖”。
- 积累有关动物的成语。
- 阅读有关小动物的童话故事，并能简单复述故事内容。
- 观看阅读有关动物保护的电影、动画片、纪录片等视频或书籍，如纪录片《帝企鹅日记》、图书《国家地理野生动物大百科》等。
- 简单说出自己喜欢的小动物的外形特征，并了解它的生活习性。
- 查找资料，了解生活中哪些小动物能帮助人类。
- 查找人类仿照小动物的外形制作的各种艺术作品，如北京奥运吉祥物、风筝等。

连一连

你认识这些动物的家吗？请连线，帮助朋友找到它的家。

画一画

你还知道哪些动物的家？请你画一种动物和它的家。

美术老师小提示

1. 色彩搭配适当。
2. 涂色要均匀。

填一填

很多小动物都为人类做出了贡献，例如青蛙捉害虫、猫头鹰捉田鼠、蜻蜓捉蚊子……动物们各显其能，在我们的生活中扮演重要的角色。请你仿照例句进行填空。

例：忠诚的狗帮助我们保护家园、对抗坏人，它是我们的好朋友。

（　　　　）帮助我们（　　　　），它是我们的好朋友。

（　　　　）帮助我们（　　　　），它是我们的好朋友。

填一填

有些动物能帮助人类，但也有些动物会给人类带来危害。请你仔细想一想、找一找，哪些动物会给人类带来危害。请你仿照下面例句的表达方式和同学交流。

例：老虎是肉食性动物，比较凶猛，所以人接近时，容易发生危险。

野猫身上细菌较多，攻击性强，所以____________________。

____________________，所以____________________。

语文老师小提示

1. 请你认真阅读例句。
2. 认真思考动物们的特点。
3. 试着仿写。

读一读

生活中的动物们很可爱，它们的外观有着不同的特点。仿照小动物们的外观，可以制作出许多精致可爱的物品。

2008年北京奥运会吉祥物

贝贝传递的祝福是繁荣。在中国传统文化艺术中，“鱼”和“水”的图案是繁荣与收获的象征，人们用“鲤鱼跳龙门”寓意事业有成和梦想实现，“鱼”还有吉庆有余、年年有余的含义。

晶晶是一只憨态可掬的大熊猫，无论走到哪里都会带给人们欢乐。作为中国国宝，大熊猫深受世界人民的喜爱。

欢欢是一个火娃娃，象征着奥林匹克圣火。欢欢是运动激情的化身，他将激情散播给世界，传递更快、更高、更强的奥林匹克格言

迎迎是一只机敏灵活、驰骋如飞的藏羚羊，它来自中国辽阔的西部大地，将健康的美好祝福传向世界。迎迎是青藏高原特有的国家一级保护动物藏羚羊，是绿色奥运的象征。

妮妮是一只展翅飞翔的燕子，其造型创意来自北京传统的沙燕风筝。“燕”还代表燕京（北京古代的称谓）。妮妮把春天和喜悦带给人们，向飞过之处播撒“祝您好运”的美好祝福。

填一填

你知道 2008 年北京奥运会的吉祥物是什么吗？请你对照吉祥物的图片，自己画一画，并写出他们的名字。

（　　）　　（　　）　　（　　）

（　　）　　（　　）

语文老师小提示

1 请你认真阅读前面的材料。

2 根据信息，找出与图片相对应的吉祥物的名字，填写在（　）中。

填一填

每个小动物都有自己的外形特点，我们可以将动物的外形与风筝相结合，制作出精美的、各具特色的风筝来。这些风筝的原型各是什么动物？请你写出动物名称。

（ ）

（ ）

（ ）

评一评

班级＿＿＿＿＿＿　姓名＿＿＿＿＿＿　日期＿＿＿＿＿＿

评价内容	自评	互评
1. 描写出动物与众不同的特点，语句通顺	☆☆☆☆	☆☆☆☆
2. 能正确画出动物的家的特点	☆☆☆☆	☆☆☆☆
3. 仿写符合实际情况，书写工整	☆☆☆☆	☆☆☆☆
4. 能认真阅读材料，理解材料内容，能找出相对应的名字	☆☆☆☆	☆☆☆☆
5. 认真观察图片，能从风筝造型中认出小动物，名称正确	☆☆☆☆	☆☆☆☆

主题四

中国传统文化中的动物

动物是我们的好朋友，作为一起生存在地球上的生命，在历史的变迁过程中，它们不仅融入我们的传统文化里，还在许多方面影响着我们的生活。你知道你的生肖是什么吗？传统文化中的神兽你认识多少？为何大量的成语中会出现动物？

连一连

相信博学的你一定知道十二生肖吧？十二生肖是中国传统文化中的十二地支和人出生年份相配的十二种动物，包括鼠、牛、虎、兔、龙、蛇、马、羊、猴、鸡、狗、猪。十二生肖的起源与动物崇拜有关，每一种生肖都有丰富的传说。请把下面的十二地支、十二生肖与生肖图分别连线。

子　丑　寅　卯　辰　巳　午　未　申　酉　戌　亥

虎　鼠　牛　蛇　兔　龙　羊　猴　马　狗　猪　鸡

填一填

尝试与小伙伴一起背诵十二生肖的名称，并按照顺序在（ ）填上序号。

（ ）

（ ）

（ ）

（ ）

（ ）

（ ）

（ ）

（ ）

（ ）

（ ）

（ ）

（ ）

语文老师小提示

1 可以通过网络、书籍查找。

2 可以从生肖的寓意，与生肖有关的传说、故事角度去介绍。

说一说

查找自己生肖的有关资料，并介绍给大家。

画一画

画一画你喜欢的生肖。

美术老师小提示

1. 找出你要画的动物的外形特点有哪些。
2. 尝试用多个形状描绘动物的外形。
3. 动物身上有哪些颜色和花纹？

想一想

我国流传着许多神话故事，其中许多神话故事中的神兽由现实生活中的动物衍生而来。你能通过对神兽的文字描述，选择对应的图片序号填进前面的括号里吗？

(　　) 凤凰：凤凰身披五彩羽毛，大如孔雀，百鸟遇之必然围绕站立。

(　　) 麒麟：头似龙，形如马，状比鹿，尾若牛尾，背上有五彩毛纹。

(　　) 玄武：龟和蛇组合成的一种灵物。

①

②

③

写一写

有关于动物的成语有很多，相信你一定积累过不少。你能试着写出一些有关动物的成语吗？

__________ __________ __________ __________

__________ __________ __________ __________

__________ __________ __________ __________

__________ __________ __________ __________

练一练

请你读一个有关动物的童话故事，并将故事简单地写下来。

语文老师小提示

注意写清故事的起因、经过与结果。

评一评

班级________　姓名________　日期________

评价内容	自评	互评
1. 能正确使用直尺连线	☆☆☆☆	☆☆☆☆
2. 能正确说出生肖寓意，发言吸引同学	☆☆☆☆	☆☆☆☆
3. 能合理运用色彩，抓住动物的外形特点	☆☆☆☆	☆☆☆☆
4. 能根据资料的介绍，正确找到对应神兽	☆☆☆☆	☆☆☆☆
5. 至少能写出十个成语，书写正确、规范、美观	☆☆☆☆	☆☆☆☆
6. 能连贯地将内容叙述完整、具体，并正确使用标点符号	☆☆☆☆	☆☆☆☆

主题五 保护动物我最行

同学们，动物是大自然留给人类的无价之宝，它们是我们人类的朋友。它们的生衍死灭与我们人类的生活是密切相关的。动物的大量灭绝将对人类产生严重的不良影响，造成生态严重不平衡，从而使人类的生存环境遭到破坏。让我们从现在做起，从我做起，保护动物，让世界变得更美好吧！保护动物，就是保护人类自己！

人类应像对待朋友一样对待动物，而不应该伤害它们。我们应该懂得，动物也是一条条生命，多给予它们一些关爱和呵护，平时多和大自然接触，去了解动物，和它们和睦相处。

由于人类对环境的破坏，许多动物无家可归。麻雀是我们生活中常见的小动物，可是近年来，由于农药的大量使用，麻雀的数量正在急剧减少。

动物本应自由地与我们共同生活在同一片蓝天之下，我们不应该也没有资格剥夺它们仅有一次的生命。它们应该在枝头上跳舞，应该在森林里唱歌，应该在丛林中嬉戏，唯独不应该惨死在我们人类的虐杀之下。保护动物，就是保护我们自己的家园。

我为保护动物出份力！

我能设计一句保护动物的广告语。

____

____

评一评

班级________ 姓名________ 日期________

评价内容	自评	互评
1. 语言运用简洁，字迹美观、工整	☆☆☆☆	☆☆☆☆
2. 内容有创意、有号召力	☆☆☆☆	☆☆☆☆

主题六

保护野生动物有赖你我

中华人民共和国野生动物保护法（2018 修正）

第六条　任何组织和个人都有保护野生动物及其栖息地的义务。禁止违法猎捕野生动物、破坏野生动物栖息地。

第八条　教育行政部门、学校应当对学生进行野生动物保护知识教育。

第三十条　禁止生产、经营使用国家重点保护野生动物及其制品制作的食品，或者使用没有合法来源证明的非国家重点保护野生动物及其制品制作的食品。禁止为食用非法购买国家重点保护的野生动物及其制品。

藏羚羊，日渐减少的精灵

藏羚羊是一种野生动物，它们活泼可爱、身形矫健。你知道吗？这种野生动物还和披肩联系到了一起。一条羊绒披肩，即藏羚羊腹部底绒织成的披肩，售价可高达 11000 美元。为了取得这种原料，要把藏羚羊杀死。一个匠师要用几个月的时间才能把它织成。运到欧洲贩卖，能卖出高价。这种捕猎贩卖野生动物的行为是__________（违法 / 不违法）的，如果当地人发现这种行为，应该__________。

除了大象，没有人需要象牙

随着亚洲地区对象牙需求的激增，加之非洲大象所分布的国家经济贫困、政府管理薄弱，使得盗猎成为可能。数据显示，坦桑尼亚大象数量从 2009 年的 10.9 万多头骤降到 2014 年的 4.3 万多头。2010~2012 年，平均每年有 3.5 万到 5 万头大象因为象牙而被猎杀。今天，象牙贸易所引起的盗猎已经使非洲部分地区的大象种群死亡率达到 11% ~ 12%。

法律法规

中国政府宣布于 2017 年 12 月 31 日前全面禁止国内象牙贸易。

中华人民共和国野生动物保护法（2018 年修正）

第二十一条 禁止猎捕、杀害国家重点保护野生动物。

第二十七条 禁止出售、购买、利用国家重点保护野生动物及其制品。

第三十二条 禁止网络交易平台、商品交易市场等交易场所，为违法出售、购买、利用野生动物及其制品或者禁止使用的猎捕工具提供交易服务。

看了这段文字，你有什么感受？你想对猎杀野生动物的人们说什么？

提一提

我国有许多人喜欢吃野生动物，但是吃野味不仅不能滋补、治病，而且会带来健康隐患。科学研究表明，近些年来，世界多地出现的新发传染病都和动物有关。一些野生动物携带各种寄生虫，仅蝙蝠身上就宿生有1000多种病毒。人类一旦食用野生动物或侵扰其栖息地，就会处于危险之中，有可能遭遇致命灾难。

为了做好重大公共卫生安全风险的源头控制，要进一步健全野生动物保护方面的法律制度，加强执法监督，严厉打击野生动物非法交易，坚决革除滥食野生动物的陋习。

现行的《中华人民共和国野生动物保护法》(以下简称《野生动物保护法》)管理范围十分有限，主要是保护珍贵、濒危野生动物，大量野生动物不在保护管理范围内，包括绝大多数的蝙蝠、鼠类、鸦类等传播疫病的高风险物种，对其猎捕、人工饲养、利用的行为，不能依《野生动物保护法》进行管控，成为传播、扩散疫病的一大隐患。

全国人大常委会法工委已经部署启动《中华人民共和国野生动物保护法》的修改工作，拟将修改《中华人民共和国野生动物保护法》列入常委会立法工作计划。

同学们，如果人大常委会请你来做小委员，你可以为保护野生动物提出一些议案吗？试着写一写吧！

1.____

2.____

3.____

4.____

评一评

班级__________ 姓名__________ 日期__________

评价内容	自评	互评
1. 认真阅读《野生动物保护法》，回答观点正确，表述清晰	☆☆☆☆	☆☆☆☆
2. 能提出2～3条保护野生动物的议案	☆☆☆☆	☆☆☆☆

主题七

人与自然　和谐共生

同学们，人类的生存需要自然，我们是否该给她多一点关心爱护呢？我们和自然必须平等对待，必须和自然结成一体！ 要想长久地生存在这美丽的地球，就要像对待朋友一样善待地球上的万物。这是你我的责任！让我们一起“善待地球——科学发展，构建和谐”！

1. 认真观看环保纪录片《大自然在说话》

2. 下面这些话来自纪录片《大自然在说话》，请你选择自己喜欢的段落或句子，抄写在后面的横线上。

有人称我为大自然，也有人叫我大自然母亲。我已经度过了四十五亿年，是你们人类存在时间的两万两千五百倍。我并不需要人类，人类却离不开我。是的，你们的未来取决于我，如果我繁盛，你们也将繁盛；如果我衰败，你们也会衰败，甚至更糟。我已经存在了亿万年，我养育过比你们强大得多的物种，也曾让比你们强大得多的物种因饥饿而死亡。我的海洋，我的土地，我的河流，我的森林，它们都可以左右人类的存在。越来越多的人类啊，你们想怎样度过每一天？在意我？或者忽略我？我并不在乎。你们的行为决定你们的命运，不是我的。我是大自然，我将继续存在。我随时都在进化，而你们呢？

我是海洋，我是水，我覆盖了大部分地球，我创造了它。每一条河，每一朵云，每一滴雨，都将回到我的怀抱。地球上所有的生物，都离不开我。所有的生命，都来自于我。那么人类呢？你们也不例外，我什么都不欠你们，我一直在付出，而你们一直在获取，从来如此。但是我也能随时将一切收回，毕竟这不是你们的星球。以前不是，以后也不是。人类，你们不仅贪得无厌，还毒害我，竟然还想让我继续养活你们，这怎么可能？如果人类想在大自然中与我共存，赖我而生，我要你们听仔细，我只说一次：没有健康的大自然，人类就将走向灭亡，道理就这么简单。至于我，有没有人类，不是很有所谓。因为我是海洋，我曾经覆盖过整个地球。我也可以再一次把它全部覆盖，这就是我要说的。

我是雨林，我曾看着人类在我的怀抱中成长。后来他们离开了我，但他们还会回来。是的，他们不断地回来，为了获取我的树木作为木材，为了采集我的植物充当药材，我的美景是他们的世外桃源。我有求必应，我慷慨大方，甚至可以付出全部。现在，这一切一去不返。人类啊，他们很聪明，真的很聪明，智慧的大脑，灵巧的双手，他们善于创造，了不起的创造，那他们还需要我做什么呢？是需要我的丛林，还是树木？到底为什么呢？我想想，对了，他们总得呼吸吧，而我呢，我制造氧气。他们意识到这件事了吗？人类那么聪明，他们总有一天会想明白的。人类，制造氧气，那可太有意思了。

我是土地，我在高山上、山谷中、农场里、果园间。没有我，人类无法生存。而你们却把我看得一文不值，你们可曾意识到，我就好像这地球的皮肤，只有薄薄的一层，我也是有生命的。你们的食物能够生长，全靠我提供丰富的营养。但是我被你们过度利用、过度开发，被侮辱、被损害。就是因为你们，我只剩下不及一百年前一半的厚度。你们注意到了吗？我正在逐渐化为一片荒芜。或许你们能够对我多一些尊重吧，我猜你们不想饿肚子，对吧？

我是水，对于人类来说，我司空见惯、理所当然，但是我是非常有限的，而人类的数量却每天都在增长。我化身为雨水，落入山中，流进小溪与河流，最终汇入大海。让我回到起始的形态，有时需要一万年的时间。然而对于人类来说，我只是水，理所当然就应该存在。如果人口再增加几十亿，人类还能找到我吗？他们自己又将如何生存呢？人类为了争夺各种资源而陷入战争，未来，他们是否会为了争夺我而发起战争呢？那倒也是一种选择，但并非唯一的选择。

小树：爷爷你怎么什么都知道？

老树：那当然，孩子，我已经活了很久很久，可以说，我们是这个世界上最古老的生物了。我大概什么都见识过。

小树：真的？比如呢？

老树：比如气候吧，各式各样的。

小树：也见过好多好多动物吗？

老树：当然了，最早的时候就是些昆虫和蜘蛛。后来就有了兔子和熊，天上还飞来了鸟，落在了我的肩膀上。再后来，人类一出现，一切就乱了套。

小树：为什么？人类做了什么？

老树：他们使野生动物失去了家园，让江河变脏了，把我们变成了他们的木材。他们把一切归为己有，肆无忌惮得就好像他们还有一个地球一样。

小树：他们为什么要这样？他们不懂得后果吗？

老树：我也不知道，如果他们继续这样下去，不懂得保护大自然，那么也许等不到你长大。

我是花，人们常说我很美。我知道，你们喜欢我，迷恋我的外表。但是你们别忘了，没有我，生命无从谈起。想想看，谁在哺育你们？是我。每个水果来自于我，每颗麦子也来自于我，每个土豆、每粒米，都来自于我。难道不是吗？有些时候，你们的心灵也会需要我。当你无法表达的时候，我可以轻而易举地帮你说出“对不起”还有“我爱你”。那些不朽的创作，我更是你们灵魂的源泉。可惜，即便如此，你们仍然低估了一朵美丽的小花。有没有人告诉过你，我没了，你们也就没了。

我最喜欢的话：

3. 你为什么喜欢这几句话呢？写一写你的理由吧。

____

____

4. 在你心中，人与大自然应该如何相处？你能试着制作一张以“人与自然和谐相处”为主题的小报吗？

评一评

班级__________ 姓名__________ 日期__________

评价内容	自评	互评
1. 认真观看视频《大自然在说话》	☆☆☆☆	☆☆☆☆
2. 抄写的段落字迹工整，标点正确	☆☆☆☆	☆☆☆☆
3. 喜欢的理由充分、完整	☆☆☆☆	☆☆☆☆
4. 小报内容紧扣主题，色彩和谐	☆☆☆☆	☆☆☆☆

二年级博物馆课程学习总评

评价内容	自评	师评
1. 参观博物馆时，不大声喧哗，遵守公共秩序	☆☆☆☆	☆☆☆☆
2. 认真观察馆内展品	☆☆☆☆	☆☆☆☆
3. 选择适合自己的记录方式，记录观察内容	☆☆☆☆	☆☆☆☆
4. 认真填写《博物馆课程手册》，书写干净整洁	☆☆☆☆	☆☆☆☆
5. 完成学习任务后，大胆交流	☆☆☆☆	☆☆☆☆

观察动物 发现未知

第二学段

课程主题

1. 多样的动物　神奇的进化
2. 奇妙的昆虫　精彩的世界
3. 无脊椎动物　多彩的形态
4. 绚丽的蝴蝶　会飞的花朵
5. 人鸟的共处　快乐的天堂
6. 濒危的动物　人类的警示
7. 动物保护　我在行动

课程目标

1. 通过博物馆课程的学习，知道动物具有多样性的特点。知道人与动物之间的关系是密切的。
2. 在学习博物馆课程时，能从多学科（语文、数学、英语、科学等）的角度，了解自己感兴趣的动物的文化内涵或古典传说等，发现人和动物之间的密切关系。
3. 在学习博物馆课程时，能用自己喜欢的方式（摄影、绘画、结构图、思维导图、文字介绍等）记录自己在博物馆学习中比较感兴趣的动物（外形、产地、数量、生物特性等）。
4. 在学习博物馆课程时，通过诵古诗、观影片、赏音乐、读名著等活动，加深对动物与人密切关系的了解。
5. 在学习博物馆课程时，能对自己感兴趣的动物有新的发现与认识，并用对比的方法记录下来。重点记录几种自己从未见过也从未听说过的动物，为它们制作动物名片。
6. 在学习博物馆课程时，能初步培养参与环境保护的意识。
7. 愿意采取行动保护环境、节约资源。

学习计划和学时安排

- 回顾国家动物博物馆基本认识　1 课时
- 课程学习　7 课时
  - 多样的动物　神奇的进化　1 课时
  - 奇妙的昆虫　精彩的世界　1 课时
  - 无脊椎动物　多彩的形态　1 课时
  - 绚丽的蝴蝶　会飞的花朵　1 课时
  - 人鸟的共处　快乐的天堂　1 课时
  - 濒危的动物　人类的警示　1 课时
  - 动物保护　我在行动　1 课时
- 交流展示　2 课时

导语：

同学们，今天我们再次走进国家动物博物馆，在对国家动物博物馆有了初步认识的基础上，让我们去观察动物的世界，去发现新内容、新天地。让我们在阅读、观察、发现、欣赏、创作等活动中，开阔我们的视野，学会从不同学科、不同视角去了解动物，和动物交朋友。让我们与动物和谐相处，共创美好！

三年级

主题一

多样的动物　神奇的进化

我了解

希望下面的资料，对于你的博物馆课程学习有帮助哦！在此基础上，继续查找资料，并在阅读时把你感兴趣的内容勾画出来，也可以在自己不明白的地方做标注，进一步地学习。祝你成功！

动物的多样性展厅展示了生物的多样性，描述了现有生物类群的特点、命名原则和分类体系，解释了生物的起源，回顾了人们对生物起源的认识和进化论的发展历史，列举了支持进化论的古生物学、形态学、胚胎学、动物地理学和分子生物学的证据，并阐述了大陆漂移与动物分布的关系。（来源：国家动物博物馆微信公众号）

我观察

选择展厅中自己感兴趣的动物，进行仔细观察，用自己喜欢的形式（摄影、绘画、气泡图、文字描写等），选择自己感兴趣的动物特点（外形、产地、数量、生物特性等）记录下来。希望你养成边参观边记录的好习惯！回家后按照各科老师的建议，将自己的观察用最喜欢的形式呈现出来。

语文老师小提示

1. 在参观时，认真观察，简单记录。
2. 回家后用总分的结构，围绕一句话把动物的外形写具体。
3. 描写时恰当使用比喻、排比等修辞手法，把动物的外形写生动。

数学老师小提示

1. 在参观时，从已学数学知识的角度（对称、数量等）进行观察，简单记录。
2. 回家后用制作表格、画简图等方式，将自己的观察记录下来。

科学老师小提示

1. 注意观察动物的外形。
2. 注意动物的活动情况，掌握动物的一般活动规律和一些特殊的动态。
3. 在观察中注意发现动物的习性。

我发现

1. 通过在展厅学习，我有了新的发现。（你可以用表格、思维导图等形式将你的新发现与已有认识用对比的方式表示出来）

动物名称	
已有认识	新的发现

2. 我发现了从未听说过、从未看到过的动物，我真棒！

这是一个制作动物名片的例子，你也可以自己设计哦！你可以为一种动物制作名片，也可以为多种动物制作名片册。（可以和同学合作，共同完成，共同发现）

形象照

我的名字：________________

我的家乡：________________

我的习性：________________

生活环境：________________

我的现存数量：________________

英语老师小提示

同学们，制作动物名片时，也可以用英文，或者中英文对照来制作哦！

我还为________________等动物制作了名片。

3. 我还发现了一些有意思的事。

在我国，很多动物都出现在了成语中、神话故事里、生肖中，很多动物也有很多有意思的传说。你是不是也觉得特别有意思呢？那就请你选择一种最感兴趣的动物，试着从多角度、多学科的视角去发现，然后用你喜欢的方式分享给大家吧！（手抄报、角色扮演、讲故事等）

我选择的动物是________________，我用________________的方式分享给大家。

我欣赏

在 CCTV-7 频道，每天的 7:05、20:35，每周六的下午 14:43，都会播放《动物世界》这个栏目（在网络平台也可以观看）。这个栏目向电视观众介绍大自然中的各种动物，让人们认识自然对人类的影响。观看后，你会有更多收获和发现哦！请将你的发现、思考或感受用你喜欢的方式分享给我们！（可参考下面的方式，也可以用自己独特的方式进行介绍，或用 PPT、诗歌等形式进行介绍）

我感兴趣的动物：

它的照片（图片、画像）

它的基本特征：________________

____

____

____

我的思考（感受）：________________

我的新发现：________________

我用________________的方式与大家分享。

我评价

评价项目	评价内容	自评	互评
我了解	1. 认真阅读，将资料读完整 2. 能从资料中提取有用信息 3. 能养成边读边圈画的好习惯 4. 学会质疑，提出问题	☆☆☆☆	☆☆☆☆
我观察	1. 认真观察，不敷衍 2. 能运用相关知识做出正确判断 3. 能运用相关知识对自己的判断做出合理解释 4. 能将自己的观察记录下来	☆☆☆☆	☆☆☆☆
我发现	1. 能在观察时发现动物的基本特征（相同点和不同点） 2. 能对自己知道的动物有新的发现 3. 能在学习活动中发现自己不知道的动物，并做简单了解	☆☆☆☆	☆☆☆☆

主题二

奇妙的昆虫 精彩的世界

我了解

希望下面的资料对于你的博物馆课程学习有帮助哦！在此基础上继续查找资料，并在阅读时把你感兴趣的内容勾画出来，也可以在自己不明白的地方做标注，进行进一步地学习。祝你成功！

昆虫展厅突出展示了地球上最繁盛、种数超过 100 万种的昆虫代表性类群。有色泽鲜艳的“会移动的宝石”——甲壳虫，有多姿多彩的“夜之精灵”——蛾子；有凶猛的捕食性昆虫虎甲、螳螂、齿蛉、胡蜂，有温文尔雅却置其它动物于死地的寄生蜂、寄生蝇；有伪装植物枝叶的竹节虫、螽斯，有善于警戒恐吓的蜡蝉、蛾子、食蚜蝇。昆虫几乎无处不在，如果想了解昆虫的多样性，学习有关昆虫的知识，就请走进本展厅里仔细体验吧。（来源：国家动物博物馆微信公众号）

我观察

下面的图片中，哪些是昆虫？请在图片下面的括号里画“√”。

（ ）

（ ）

（ ）

（ ）

（ ）

（ ）

（ ）

（ ）

同学们，你们为什么这样选择呢？请把你选择的理由告诉我们吧！

科学老师小提示

同学们，建议试着用昆虫的特征进行解释！

你们可以参考第一部分提供的资料或利用其他途径获取所需知识。

我发现

1. 通过在展厅学习，我有了新的发现。（你可以用表格、思维导图等形式将你的新发现与已有认识用对比的方式表示出来）

动物名称	
已有认识	新的发现

2. 我发现了从未听说过、从未看到过的动物，我真棒！（可以制作动物名片，也可以用自己想到的其他方法记录自己的发现。可以自己独立完成，也可以和其他同学合作完成，共同发现）

● 下面是一张记录金龟子的思维导图，同学们可以参考借鉴。

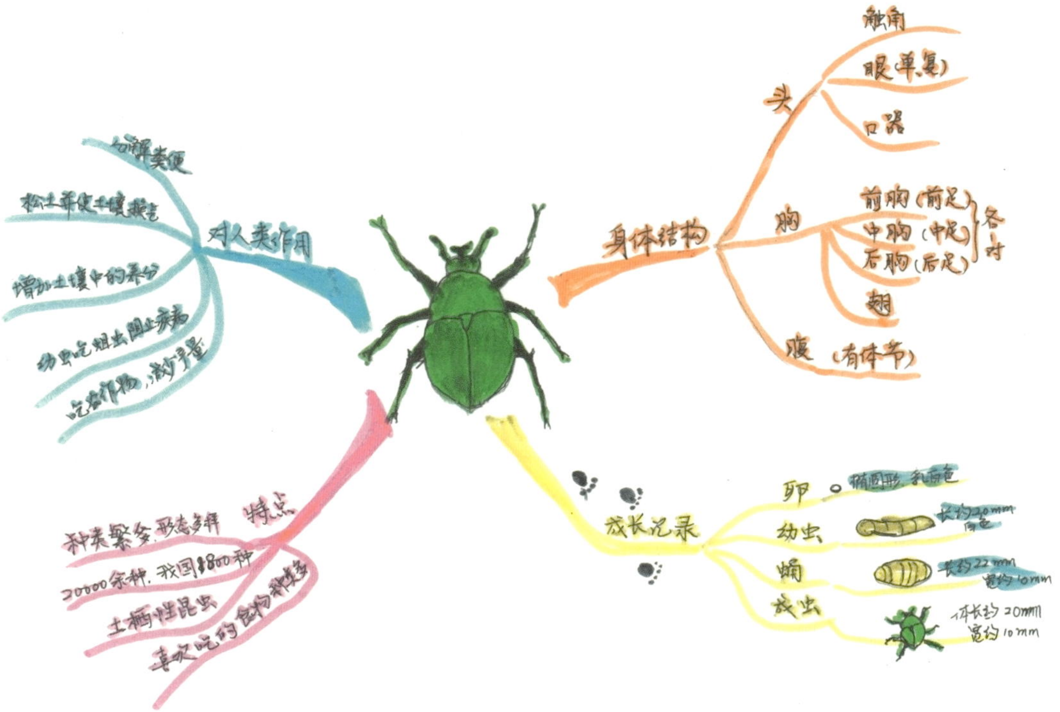

3. 我发现，昆虫与人类的关系非常密切（你可以用表格、手抄报、画思维导图等方法与大家分享）。下面是一个示例，供你参考。

有益的昆虫

蜻蜓属于肉食性昆虫，以蚊子、苍蝇和其他小昆虫为食。其中，一种俗称为“青头愣”的绿色大蜻蜓，一天能吃掉二千只左右像蚜虫这类的小飞虫。

蜘蛛是陆地生态系统中最丰富的捕食性天敌，在维护农林生态系统稳定中的作用不容忽视。

七星瓢虫是鞘翅目瓢虫科的捕食性天敌昆虫，成虫可捕食麦蚜、棉蚜、槐蚜、桃蚜、介壳虫、壁虱等害虫，可大大减轻树木、瓜果及各种农作物遭受害虫的损害，被人们称为“活农药”。

螳螂是一种名副其实的益虫，它是一种肉食性昆虫。它的食物有棉蚜虫、红铃虫、玉米螟、青菜虫、菜螟、金龟子、苍蝇、蚱蜢等 60 多种害虫的成虫和幼虫。它还是蝗虫的死对头。

● 昆虫与人类的关系还体现在很多方面，快用你喜欢的方式记录下你的发现吧！（可以和同学合作完成，共同发现）

我欣赏

《昆虫记》是法国杰出昆虫学家、文学家法布尔的主要著作，也叫作《昆虫物语》、《昆虫学札记》或《昆虫世界》。此作品涵盖了法布尔一生对昆虫（当中几册也描述了蜘蛛）的观察与研究，当中也穿插了许多法布尔人生的种种经历，包括童年时期、教书的时期等。法布尔耗费一生的光阴来观察、研究虫子，为虫子写出十卷大部头的书，字里行间饱含作者本人对生命的尊重与热爱。在本书中，作者将专业知识与人生感悟融于一炉，娓娓道来，在对一种种昆虫的日常生活习性、特征的描述中体现出作者对生活世事特有的眼光。本书的问世标志着动物心理学的诞生。《昆虫记》不仅是一部研究昆虫的科学巨著，同时也是一部讴歌生命的宏伟诗篇。同学们，希望你喜欢这本书！

请看下面的《昆虫记》背景介绍：

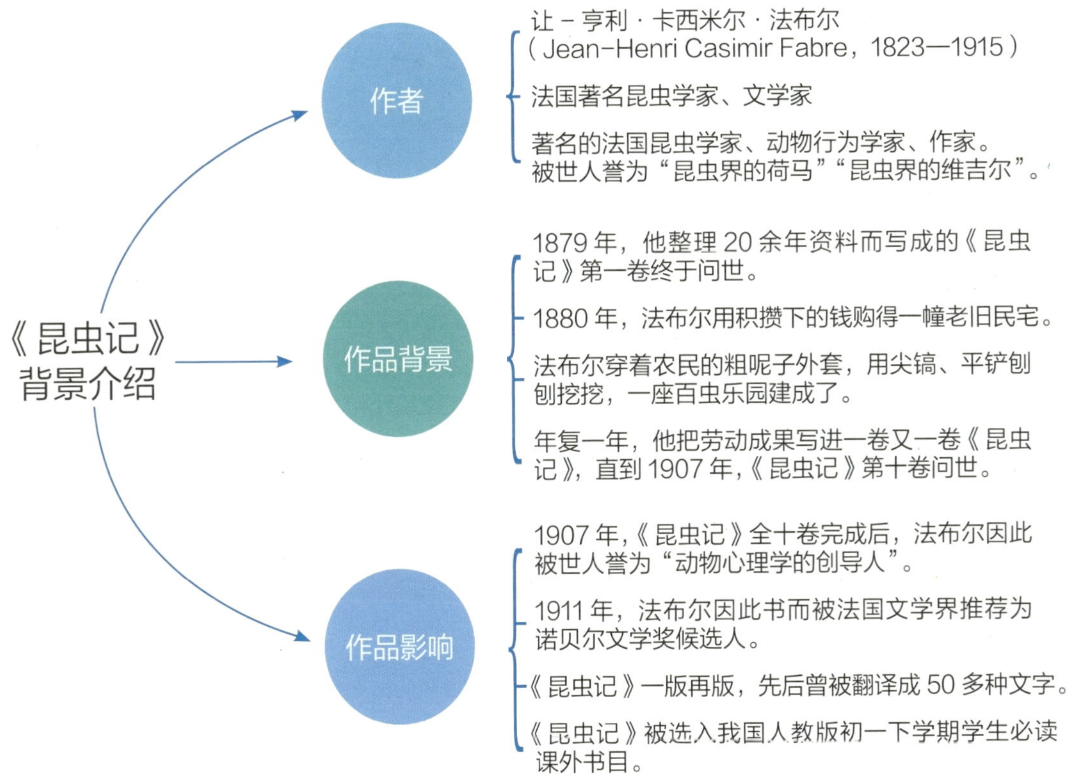

我介绍

请在课余时间自己阅读《昆虫记》，用自己喜欢的方式，介绍阅读《昆虫记》的收获。下面是两个例子，供同学们参考和借鉴。

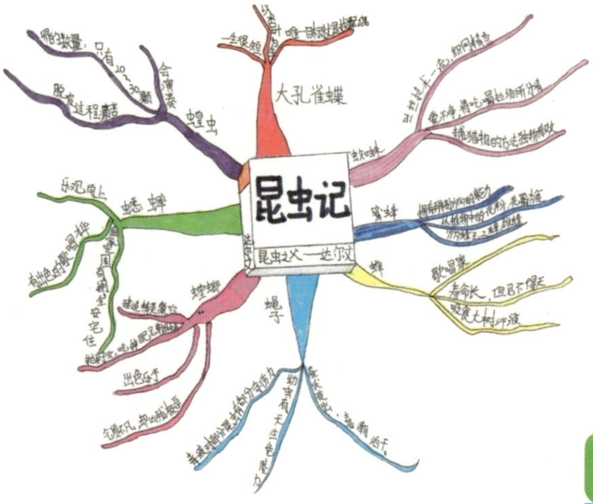

同学们，还可以用制作手抄报、PPT 等方式来介绍哦！

我评价

评价项目	评价内容	自评	互评
我阅读	1. 认真阅读，将资料读完整 2. 能从资料中提取有用信息 3. 能养成边读边圈画的好习惯 4. 学会质疑，提出问题	☆☆☆☆	☆☆☆☆
我观察	1. 认真观察，不敷衍 2. 能运用相关知识做出正确判断 3. 能运用相关知识对自己的判断做出合理解释 4. 能将自己的观察记录下来	☆☆☆☆	☆☆☆☆
我发现	1. 能在观察时发现动物的基本特征（相同点和不同点） 2. 能对自己知道的动物有新的发现 3. 能在学习活动中发现自己不知道的动物，并做简单了解	☆☆☆☆	☆☆☆☆

主题三

无脊椎动物　多彩的形态

我了解

同学们，希望下面的资料，对于你的博物馆课程学习有帮助哦！在此基础上继续查找资料，并在阅读时，把你感兴趣的内容勾画出来，也可以在自己不明白的地方做标注，进行进一步地学习。祝你成功！

无脊椎动物虽然在物种数量、形态结构、生态习性等方面远较脊椎动物多样和复杂，但由于体型小、运动缓慢、生境隐蔽等特点，大多数种类不为人们所了解。本展厅通过展示无脊椎动物中一些代表性类群，如“珊瑚”“贝壳”“蚯蚓”“蜘蛛”等，将多姿多彩的动物标本实物展示给观众，让观众对无脊椎动物有一个较为全面的认识。（来源：国家动物博物馆微信公众号）

我观察

下面的图片中，哪些是无脊椎动物？请在图片下面的括号里画“√”。

（　　）

（　　）

（　　）

（　　）

（　　）

（　　）

（　　）

（　　）

我发现

1. 通过在展厅的学习，结合阅读资料，仔细观察图片上的无脊椎动物，用自己喜欢的形式记录无脊椎动物的共同特点。（可以自己独立完成，也可以和同学组成发现小组合作完成）

科学老师小提示

仔细观察图片中动物的外形特征，才会有收获。

2. 通过在展厅的学习，结合阅读资料，对图片上的无脊椎动物和脊椎动物进行仔细观察，用自己喜欢的形式分析无脊椎动物和脊椎动物的区别。（你可以用表格、思维导图等形式将你新的发现与已有认识用对比的方式表示出来）

我欣赏

上网查询并观看纪录片《动物社会》第九集《无脊椎动物》，从中我们可以认识许多无脊椎动物，会有更多收获和发现哦！

我制作

选择一种感兴趣的无脊椎动物，为它制作生物名片。（可以制作一种动物的名片，也可以给多种动物制作名片册。可以自己独立完成，也可以和其他同学共同完成）

我的名字：________________

我的家乡：________________

我的习性：________________

生活环境：________________

形象照

我的名字：______________________

我的家乡：______________________

我的习性：______________________

生活环境：______________________

英语老师小提示

同学们，制作生物名片时，也可以用英文，或者中英文对照来制作哦！

我评价

评价项目	评价内容	自评	互评
我阅读	1. 认真阅读，将资料读完整 2. 能从资料中提取有用信息 3. 能养成边读边圈画的好习惯 4. 学会质疑，提出问题	☆☆☆☆	☆☆☆☆
我观察	1. 认真观察，不敷衍 2. 能运用相关知识做出正确判断 3. 能运用相关知识对自己的判断做出合理解释 4. 能将自己的观察记录下来	☆☆☆☆	☆☆☆☆
我发现	1. 能在观察时发现动物的基本特征（相同点和不同点） 2. 能对自己知道的动物有新的发现 3. 能在学习活动中发现自己不知道的动物，并做简单了解	☆☆☆☆	☆☆☆☆

三年级博物馆课程学习总评

班级＿＿＿＿＿＿ 姓名＿＿＿＿＿＿ 日期＿＿＿＿＿＿

评价项目	评价内容	评价标准				评价方式			
		优秀	良好	达标	未达标	自评	互评	家长评	老师评
学习态度	1. 学习目标明确，重视学习过程的反思，积极优化学习方法 2. 保质保量按时完成 3. 重视自主探索、自主学习，拓展视野	积极热情主动	积极热情但欠主动	态度一般	较差				
探究学习	1. 自主学习能力强，会倾听、思考、表达和质疑 2. 有浓厚的学习兴趣，在学习过程中参与度高 3. 能采取合作学习的方式，并在合作中分工明确地进行有序和有效的探究 4. 在学习中能自主反思，发挥求异、求新的创新精神，积极地提出问题和讨论问题	自主学习能力强，会倾听、思考、表达和质疑	自主学习能力较强，会倾听、思考、表达	自主学习能力一般，会倾听	自主学习能力较差，不会思考				
参与程度	1. 认真参加学习活动，积极思考，善于发现问题，勇于解决问题 2. 逐步提高表达与交流能力 3. 积极参加探究活动	善于发现问题，勇于解决问题，表达能力强	善于发现问题，勇于解决问题	能发现问题，但解决问题能力一般	参与不够积极主动				
合作意识	1. 积极参加合作学习，勇于接受任务、敢于承担责任 2. 加强小组合作，取长补短，共同提高，乐于助人，积极帮助学习有困难的同学，与别人互相帮助 3. 公平、公正地进行自评和互评，评价过程认真、负责、诚信	合作能力强，组织能力好，与别人相互提高，学习效果好	能与他人合作，积极帮助有困难的同学	有合作意识，总结能力较好	不能与他人进行友好的合作学习				

主题四

绚丽的蝴蝶　会飞的花朵

我了解

蝴蝶以其绚丽的色彩、优美的舞姿，赢得了“会飞的花朵”、“大自然的舞姬”等美誉，希望下面的资料能帮助你更多地去了解蝴蝶。

在此基础上继续查找资料，并在阅读时拿起笔，把你感兴趣的内容勾画出来，也可以在自己不明白的地方做标注，进行进一步地学习。祝你成功！

蝴蝶以其绚丽的色彩、优美的舞姿，赢得了“会飞的花朵”“大自然的舞姬”等美誉。那么，如何正确区分蝶与蛾？蝴蝶的一生是怎样度过的？蝴蝶的雌雄之间在形态上有什么不同吗？世界的蝴蝶有多少种？中国有哪些受保护的蝴蝶？……在这里均能找到答案。而且蝴蝶展厅还展出了来自世界各国的蝴蝶标本15科2200多种以及各国的国蝶10种，使用多媒体技术营造出浪漫的蝴蝶谷气氛，让观众流连忘返。（来源：国家动物博物馆微信公众号）

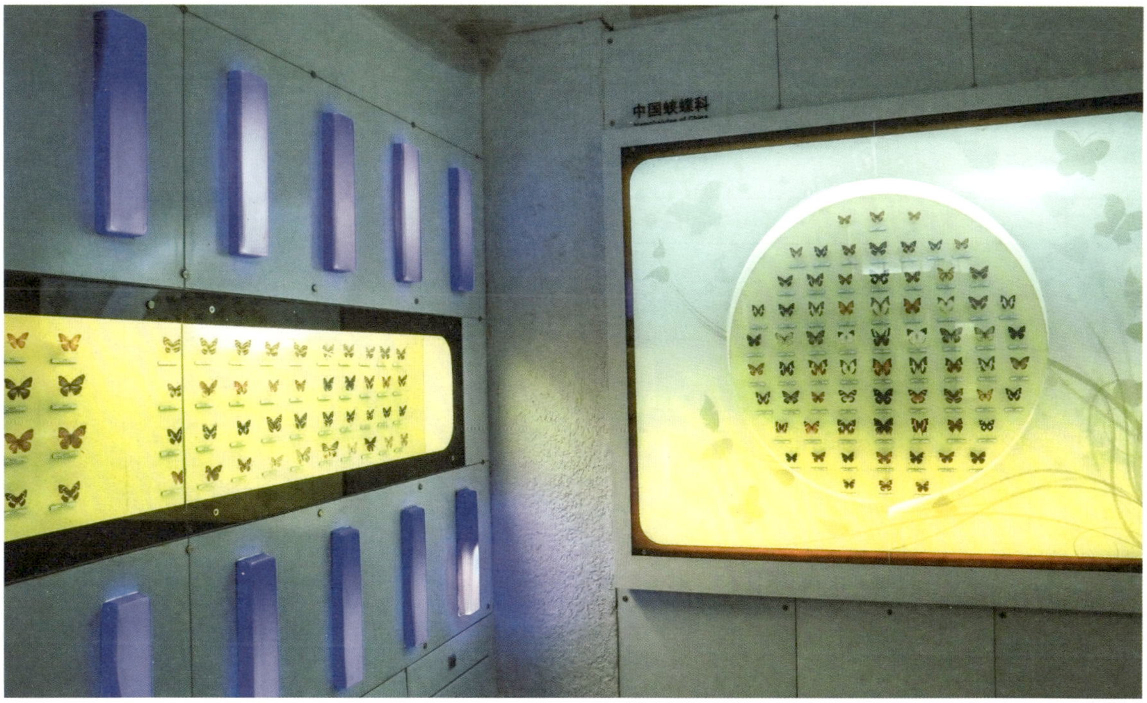

我观察

下面的图片中，哪些是蝴蝶？请你在蝴蝶展厅中仔细找一找吧，并在蝴蝶图片下面的括号里画“√”，在蛾子图片下面的括号里画“△”。

 （　　）  （　　）  （　　）  （　　）

 （　　）  （　　）  （　　）  （　　）

我发现

蝴蝶和蛾子有哪些不一样的地方呢？

通过你在蝴蝶展厅的认真学习，你能观察并找出蝴蝶和蛾子的相同点与不同点吗？你能用表格或思维导图的形式把你的发现记录下来吗？

	蝴蝶	蛾子
相同		
不同		

科学老师小提示

要想知道蝴蝶和蛾子有哪些不一样的地方，在学习的过程中，需要同学们调查以下内容：

1. 注意观察蝴蝶和蛾子的外形结构。
2. 搜集蝴蝶和蛾子的生活习性、一般活动规律和一些特殊的动态。
3. 在活动中要注意了解动物的生活史（生命周期）。

建议你用双气泡思维图：

[双气泡图（Double Bubble Map）：主要用来进行比较。两个被比较的对象放在两个中心圆圈内，外面单独连接的圆圈内展示两个被比较的对象间的不同点，中间共同连接的圆圈内展示两个被比较的对象间的相同点]

双气泡图

思维技巧：比较

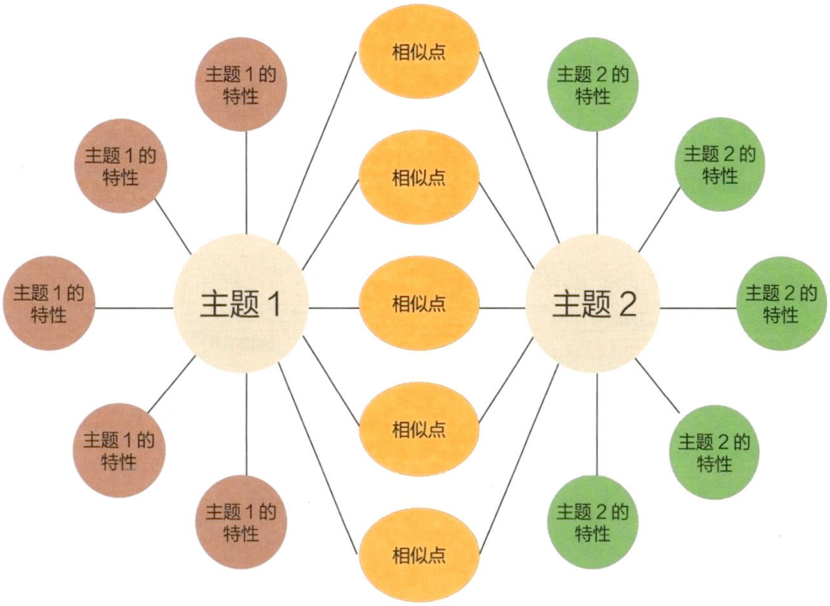

我诵读

蝴蝶被称为“会飞的花朵”，自古为人们所喜爱。我们学过的古诗《江畔独步寻花 · 其六》就描写了春天蝴蝶飞舞的景象，一起来诵读它吧！

江畔独步寻花 · 其六

[唐] 杜甫

黄四娘家花满蹊，

千朵万朵压枝低。

留连戏蝶时时舞，

自在娇莺恰恰啼。

描写蝴蝶的古诗有很多，你还能找到其他描写蝴蝶的古诗吗？我们一起去寻找吧！

我找到的古诗是：

题目：________________

______（朝代）______（作者）

____

____

____

____

我欣赏

梁山伯与祝英台的爱情故事在中国家喻户晓，他们死后双双化蝶、永远相伴的结局，不知感动过多少人。中国的名曲《梁祝》是享有世界声誉的一支乐曲，让我们一起来欣赏吧。

梁山伯与祝英台

作者：何占豪 陈钢

1. 欣赏音乐《梁山伯与祝英台》小提琴协奏曲，听后你有什么感受？

____

2. 这首曲子表现了什么内容？

____

音乐老师小提示

听完后请描述作品的音乐情绪、力度、速度、音乐形象。请把它的旋律线画出来。还可以听一听小提琴协奏曲《梁祝》，找一找谱例出现在作品中的第几部分。

我思考

梁山伯与祝英台死后为什么要化成蝴蝶，而不是其他的动物呢？化蝶背后有着怎样的文化内涵与寓意呢？

我创作

蝴蝶被称为“大自然的舞姬”，你想和小伙伴一起编一支关于蝴蝶的舞蹈吗？邀请你的小伙伴一起来试试吧！当然，你也可以做一位小诗人，进行诗歌创作哦！

舞蹈老师小提示

1. 观察蝴蝶飞舞、停留的动态特点并用肢体进行模仿。
2. 观察、想象两只蝴蝶的追逐、嬉戏并进行创作。
3. 要考虑造型、主题动作、舞蹈情节、段落。

语文老师小提示

1. 仔细观察蝴蝶的各种姿态。
2. 运用多种修辞手法（比喻、拟人、排比、夸张等）。
3. 展开丰富的想象。
4. 表达自己对蝴蝶的赞美和喜爱之情。
5. 诗歌形式不限。

我阅读

如果你还想继续深入了解蝴蝶，你可以阅读有关蝴蝶的书籍哦！

书目推荐：

《世界蝴蝶分类名录》

陕西科学技术出版社　作者：寿建新、周尧、李宇飞

《蝴蝶和蛾子》

电子工业出版社　作者：（英）奥利维亚·布鲁克斯、（英）伊恩·杰克逊

《蝴蝶：全世界 500 多种蝴蝶的彩色图鉴》

中国友谊出版公司　作者：（英）大卫·卡特

我评价

评价项目	评价内容	自评	互评
我了解	1. 能认真阅读，将资料读完整 2. 能从资料中提取有用信息	☆☆☆☆	☆☆☆☆
我观察	能认真观察，并能做出正确判断	☆☆☆☆	☆☆☆☆
我发现	1. 能发现蝴蝶和蛾子的基本特征（相同点和不同点） 2. 能用表格或思维导图把蝴蝶和蛾子的相同点与不同点记录下来	☆☆☆☆	☆☆☆☆
我诵读	找到了和蝴蝶有关的古诗并进行诵读	☆☆☆☆	☆☆☆☆
我欣赏	欣赏《梁祝》主题曲，知道乐曲表达的情感，对乐曲有自己的感受和感悟	☆☆☆☆	☆☆☆☆
我思考	对问题有自己的思考，并能搜集资料去解决问题	☆☆☆☆	☆☆☆☆
我创作	能创编出表现蝴蝶形象的舞蹈或者能创作一首和蝴蝶有关的诗歌	☆☆☆☆	☆☆☆☆
我阅读	我阅读了和蝴蝶有关的书籍	☆☆☆☆	☆☆☆☆

主题五

人鸟的共处　快乐的天堂

我了解

希望下面的资料对于你的博物馆课程学习有帮助哦！在此基础上继续查找资料，并在阅读时把你感兴趣的内容勾画出来，也可以在自己不明白的地方做标注，进行进一步地学习。祝你成功！

鸟类展厅首先介绍了鸟类的一些主要特征：为适应飞翔生活，其躯体结构所产生的一系列特化；为适应不同的生活环境，其喙、翼、足所发生的适应性变化；为成功繁衍后代，所经历的求偶、筑巢、产卵、孵卵、育雏的繁殖过程。然后，重点展示了我国的特有鸟类、珍稀鸟类和鸟类多样性。同时，还通过三个景窗真实再现了湿地、海洋和高原鸟类的生活场景。最后，为观众展现鸟类迁徙的壮观场面，婉转悦耳的鸟鸣，传授中国动物地理区划方面知识，概括我国观鸟活动现状及观鸟所需的设备。（来源：国家动物博物馆微信公众号）

我观察

鸟类展厅重点展示了400多种我国本土鸟类的标本，展现了我国的特有鸟类、珍稀鸟类和鸟类的多样性。请选择展厅中自己感兴趣的鸟类，进行详细观察（外形、生活环境、数量、生物特性等），参观后将自己的观察用文字记录的形式呈现出来。

我感兴趣的鸟是________________。

____

____

____

语文老师小提示

1. 把鸟的外形按照一定的顺序描写清楚。
2. 把鸟的生活习性言之有序地表达具体。
3. 写出自己对鸟的喜爱之情。

我发现

鸽子的腿上有一个小巧而灵敏的感受地震的特殊结构。人们根据它的原理仿制出一种新的地震仪，使地震预报更加准确。

鸽子的眼睛有着特殊的识别本领，这是由于它的视网膜上有 6 种功能专一的神经节细胞。人们模仿鸽子视网膜上的细胞结构制成鸽眼电子模型，安装在警戒雷达上，应用于电子计算机数据处理方面。

鸟类为人类做出了很大贡献，人们根据鸟的特点还发明了哪些东西呢？让我们快去发现吧！

我发现人类根据鸟的________________特点，发明了__________。

自古以来，自然界就是人类各种技术思想、工程原理及重大发明的源泉。

我还知道人类根据__________的__________特点，发明了__________。

我想根据__________的__________特点，发明__________。

我思考

人们非常羡慕小鸟在天空自由自在地飞翔，你知道小鸟为什么会飞而人类不会吗？答案就在博物馆内哦！请你找到相关内容并摘录下来。

____

____

____

____

我欣赏

自然永远都是光影最美的基色，而那展翅翱翔于天际的鸟在自然与人类残酷的双重夹击下，更见证着生命的伟大。《迁徙的鸟》是一部带有自然与生命之美的佳作，它的每一帧仿若都是一张绝美的画卷。

请欣赏纪录片《迁徙的鸟》，让我们一起走进鸟的世界，洞悉鸟的情感和思想。

欣赏完纪录片《迁徙的鸟》，你有什么感受？请写下来吧。

我评论

● 案件回放

1994 年出生的闫某是郑州一所职业学院的在校大学生。2014 年放暑假在家时，他发现村外的树林里有鸟窝，和朋友架梯子将鸟窝里的 12 只鸟抓了出来，养了一段时间后售卖，后来又抓了 4 只。然而因为这 16 只鸟，闫某和他的朋友王某分别被判刑十年零六个月和十年，并处罚金。

● 争论

因为这 16 只鸟，闫某和王某分别被判刑十年零六个月和十年，并处罚金。此案经多家网站转载，一时间成为舆论焦点。有网友认为，案子判得太重了；也有网友表示，他们掏的是隼，不是普通的鸟，法院这样判可以“杀一儆百”。案件的真实情况是什么？法院判决依据是什么？刑期是否罚当其罪？

● 真是“闲来无事掏鸟窝”这么简单？

2015 年 12 月 1 日晚，河南省新乡市检察院官方微信“新乡检察”发布消息：他们掏的鸟是燕隼，是国家二级保护动物。

“捕鸟是开端，在此之后是长长的贩卖链条。”有媒体报道称，如今我国的猛禽盗猎现象已经形成一个完整的利益链条，到了不打击不行的地步。

随着更多案情细节的披露，公众意识到，案件不是最初媒体公布出来的“大学生假期闲来无事，自家门口掏鸟窝”这么简单。

● 法院判决依据何在？

2015 年 12 月 3 日，新乡市中级法院官方微博“@ 新乡中院”发布通报，表示对此案已启动申诉审查程序。通报称：新乡市中级法院二审审理查明，闫某等三被告人（包括从闫某、王某处购买一只燕隼的贠某）违反《中华人民共和国野生动物保护法》，明知是国家保护动物，却非法猎捕、出售、收购国家二级保护动物燕隼和凤头鹰共计 17 只，情节特别严重，其行为已构成非法猎捕珍贵、濒危野生动物罪及非法收购珍贵、濒危野生动物罪，依照法律规定，分别判处三被告人有期徒刑十年零六个月、十年和一年。

每个生命都是珍贵的，“保护动物，人人有责”的口号谁都能挂在口头上，但是如何切实有效地保护它们的生命及生存空间，才是更值得去思考的问题。

阅读此案例后，你一定有很多想法，也一定有很多想说的话，请把你的评论写下来，并和同学进行交流。

我保护

千姿百态的鸟类，不仅给我们的生活增添了色彩，而且对人类科技领域有重大贡献，给现代科学提供了原理和蓝图，给人类发展提供了不可或缺的技术参考。鸟类可以说是人类最亲密的野生动物朋友了，需要我们去珍惜与保护。为了倡议人们行动起来保护鸟类，《世界保护益鸟公约》规定每年的 4 月 1 日为“国际爱鸟日”。你知道保护鸟类有什么重要意义吗？

____

我阅读

如果你还想继续深入了解鸟类，可以阅读有关鸟类的书籍哦！

书目推荐：

《鸟百科全书》

黑龙江科学技术出版社　作者：（英）克里斯托弗 · 佩里斯

我评价

评价项目	评价内容	自评	互评
我了解	1. 能认真阅读，将资料读完整 2. 能从资料中提取有用信息	☆☆☆☆	☆☆☆☆
我观察	1. 能认真详细观察 2. 能用文字语句通顺地描述出自己感兴趣的鸟	☆☆☆☆	☆☆☆☆
我发现	1. 能发现生活中人类利用动物特点的发明 2. 有自己的发现	☆☆☆☆	☆☆☆☆
我欣赏	欣赏纪录片《迁徙的鸟》	☆☆☆☆	☆☆☆☆
我思考	对问题有自己的思考，并能搜集资料去解决问题	☆☆☆☆	☆☆☆☆
我阅读	阅读了和鸟类有关的书籍	☆☆☆☆	☆☆☆☆

主题六

濒危的动物　人类的警示

我了解

希望下面的资料对于你的博物馆课程学习有帮助哦！在此基础上继续查找资料，并在阅读时把你感兴趣的内容勾画出来，也可以在自己不明白的地方做标注，进行进一步地学习。祝你成功！

地球上大部分动物的濒危与人类有直接或间接的关系，或是人类直接猎杀了动物；或是使用农药、杀虫剂等化学药品毒害了动物；或是侵犯和破坏了动物的栖息地，改变了栖息地的性质，使其不再适合原有动物生存，导致其濒危。濒危动物展厅向观众展示的是我国特有和珍稀的动物标本，有我们耳熟能详的动物明星，也有我们从未谋面的陌生动物。虽然它们形态各异、姿势各异、表情各异，但是它们都是地球的主人，它们也有权利享受地球的资源。（来源：国家动物博物馆微信公众号）

我发现

濒危动物展厅主要展示我国特有的和珍稀的动物标本。你能在濒危动物展厅中找到它们的身影并写出它们的名字吗？

我还在展厅内知道了其他的濒危动物，它们的名字是______________________________

____

我制作

在众多濒危动物中，我对______________这一物种很感兴趣，原因是______________

____

______________。我为它精心制作了“物种介绍卡”。

形象照

我的名字：____________________

濒危等级：____________________

我的习性：____________________

生活环境：____________________

感兴趣的原因：____________________

____

我提问

____

____

____

____

我阅读

推荐书目：

《国家动物博物馆精品研究　濒危动物》

江苏科学技术出版社　作者：郑光美、李志毅、黎雪、黄乘明等

我评价

评价项目	评价内容	自评	互评
我了解	1. 能认真阅读，将资料读完整 2. 能从资料中提取有用信息	☆☆☆☆	☆☆☆☆
我发现	1. 能在展厅中找到四种濒危动物的图片并写出它们的名字 2. 能在展厅中找到其他濒危动物并写出它们的名字	☆☆☆☆	☆☆☆☆
我制作	1. 能找到自己感兴趣的濒危动物 2. 能为自己感兴趣的濒危动物制作“物种介绍卡”	☆☆☆☆	☆☆☆☆
我提问	对濒危动物有自己的思考，并能提出问题	☆☆☆☆	☆☆☆☆
我阅读	阅读了和濒危动物有关的书籍	☆☆☆☆	☆☆☆☆

主题七

动物保护　我在行动

动物是人类的朋友，1989 年 3 月 1 日我国开始施行《中华人民共和国野生动物保护法》。

为了全面禁止和惩治非法野生动物交易行为，革除滥食野生动物的陋习，维护生物安全和生态安全，有效防范重大公共卫生风险，切实保障人民群众生命健康安全，加强生态文明建设，促进人与自然和谐共生，同学们，让我们一起学习法律，尊重法律；让我们行动起来，为保护野生动物也出一份力吧！

我了解

★查阅最新版《中华人民共和国野生动物保护法》，列举出重要内容。

重要内容

我表达

★你认为随意捕食野生动物有什么危害？请简单说说自己的观点。

______

______

______

我行动

★请看下面的描述，你想说些什么？

★查找以下内容的相关资料，并认真阅读。

1. 捕鲸船在海上捕杀巨鲸
2. 盗猎者在青藏高原猎杀藏羚羊
3. 猎人在非洲草原上射杀野牛

★把你想说的写下来吧！（也可以设计一句宣传标语哦！）

我··

以家庭为单位，制定一个家庭版保护野生动物的日常行为规范。

我家的保护野生动物日常行为规范

____

____

____

四年级博物馆课程学习总评

班级________ 姓名________ 日期________

评价项目	评价内容	评价标准			评价方式		
		优秀	良好	达标	自评	家长评	老师评
学习态度	1. 学习目标明确，重视学习过程的反思，积极优化学习方法。 2. 保质保量按时完成 3. 重视自主探索、自主学习，拓展视野	积极热情主动	积极热情但欠主动	态度一般			
探究学习	1. 自主学习能力强，会倾听、思考、表达和质疑 2. 普遍有浓厚的学习兴趣，在学习过程中参与度高 3. 在参观学习中能自主反思，发挥求异、求新的创新精神，积极地提出问题和讨论问题	自主学习能力强，会倾听、思考、表达和质疑	自主学习能力较强，会倾听、思考、表达	自主学习能力一般，会倾听			
参与程度	1. 积极思考，善于发现问题，勇于解决问题 2. 逐步提高表达与交流能力 3. 积极参加探究活动	善于发现问题，勇于解决问题，表达能力强	善于发现问题，勇于解决问题	能发现问题，但解决问题能力一般			

保护动物 共享和谐

第三学段

课程主题

1. 濒危动物
2. 生物多样性及保护
3. 国门安全

课程目标

1. 掌握研究的一般方法、路径和模式。
2. 掌握探索解决问题的方法，如查阅资料、筛选资料、调查、案例分析等。
3. 可以综合运用已掌握的学科知识，在尊重证据的前提下，积极、有效地解决问题。
4. 能够主动探究，积极参加观察、调查等科学活动，并在活动中克服困难，主动合作，积极参与同伴的交流和讨论。
5. 了解生物的生存条件和生物的多样性，通过学习拥有自觉保护环境的意识。
6. 能结合所学的知识，采取不同的表达形式，如调查报告、小论文等，呈现探究过程，并进行总结性评价，完善研究报告。

学习计划和学时安排

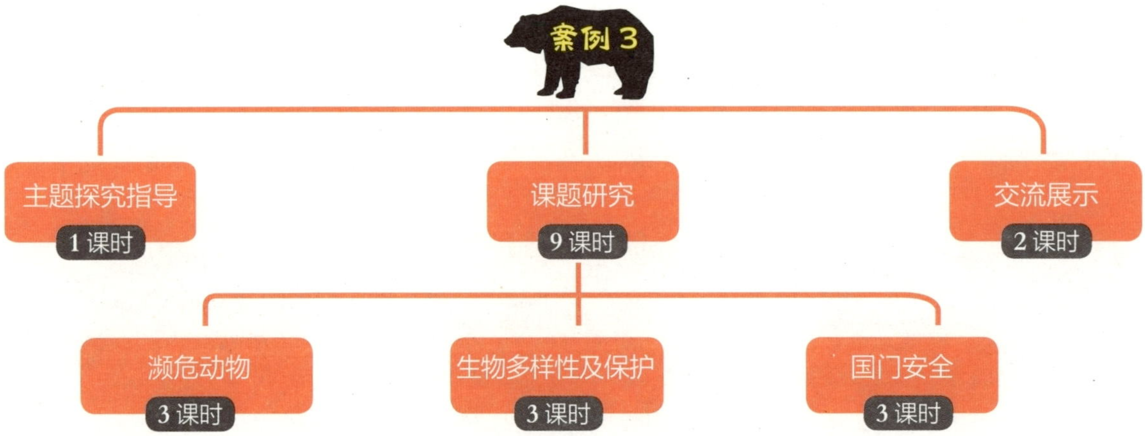

导语：

同学们，在之前的学习中，相信你们已经了解了国家动物博物馆的每一个展厅。在本学段，我们将尝试像科学家一样，选择一些感兴趣的问题，开展有关动物多样性及保护方面的微课题研究，通过研究帮助大家更深刻地了解人类的动物伙伴。在此过程中，希望你可以灵活运用课堂上我们学习过的知识，以及在博物馆参观过的内容，还可以借助其他方式获取大量的资料……通过此次学习，相信你一定有很大的收获！

主题探究指导

关于“微课题”，你可以参考以下流程：

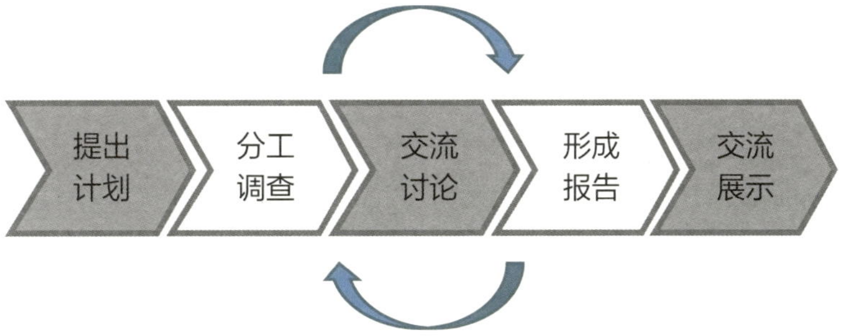

第一步，确定主题。你需要确定一个主题，并提出初步的计划，也就是说你要提前学习相关的资料和内容，做好研究准备。

第二步，提出计划。在确定主题后，你需要综合考虑研究的内容，明确研究过程中需要完成的步骤。

第三步，分工调查。根据研究过程中的步骤，合理进行组内分工。根据分工任务，利用各种方法进行调查。

第四步，交流讨论。分工调查结束后，汇总调查结果，在交流中筛选信息，并不断完善。

第五步，形成报告。参考研究报告的模板和形式要求，完成研究报告。

第六步，交流展示。运用多种形式展示小组的研究成果。

五年级

主题一 濒危动物

在四年级的学习中，大家对濒危动物有了一定的认识，并提出了感兴趣的问题。本次学习活动中，所有人需要以团队协作的方式完成一个以“濒危动物”为主题的小课题。在参观博物馆及调查了解相关内容之后，可以选择一种最感兴趣的濒危动物，与那些同样对此感兴趣的小伙伴组队，一起完成一个“微课题”。

问题思考

思考一

我对“濒危动物”的理解是____

____

____。

思考二

根据《世界自然保护联盟濒危物种红色名录》，可以将物种的濒危等级划分为：

①____________________ ②____________________

③____________________ ④____________________

⑤____________________ ⑥____________________

⑦____________________ ⑧____________________

⑨____________________

思考三

你认识它们吗？通过参观博物馆及其他途径找一找它们的身影吧！

我的名字			
濒危等级			

根据和同学们的交流以及我自己的兴趣，我决定和________、________、________、________、________自愿组成一队，我们共同对____________这一种濒危动物感兴趣，我们将共同完成对它的微课题研究。

几种调查方法的注意事项

同学们，对于我们要完成的微课题研究，一般情况下我们会采取科学调查的方式来进行。有哪些方法和注意的事项呢？

一、文献调查：利用互联网、图书馆、博物馆等平台查找文献资料。

二、实地调研：当现存资料不能提供足够的依据时，通过确定范围进行实地考察，搜集大量的第一手资料以进行整理与分析。

三、采访专家：拟好问题，做好记录（书面记录或利用音视频设备记录），注意语言和着装的文明礼仪。问题的设置很重要，要求问题简单且信息点明确，问题的设置还要与整个课题相呼应，考虑你的研究结论需要得到什么信息作为支撑。

调查研究

模块一 濒危动物我知道

小组合作，分工整理

下面是一个例子，你们可以参考。

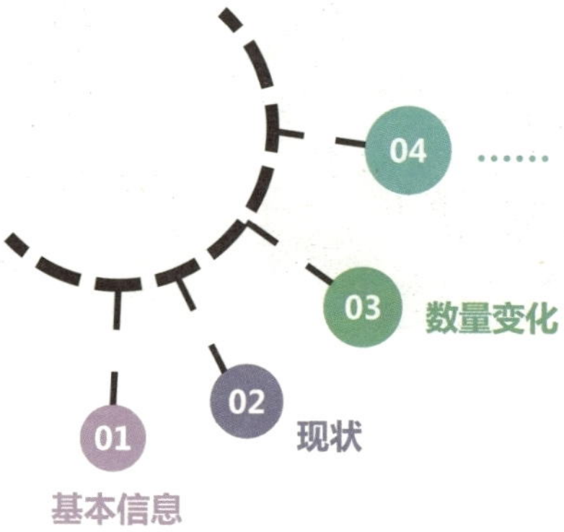

经过小组分工，我负责调查的内容是＿＿＿＿＿＿＿＿，我选择的调查方法是＿＿＿＿＿＿＿＿。

*提示：调查内容可以用文字、表格、统计图等方式呈现。

模块二 濒危动物我交流

通过模块一中的调查，相信你已经对＿＿＿＿＿＿＿＿有了进一步的认识，下面请以小组为单位进行交流，可以借助下面表格将查找到的资料进行整理。

基本信息	
现状	
数量变化	

语文老师小提示

1. 说明文以“说明白了”为成功。
2. 写清楚动物的主要特点。
3. 试着用上恰当的说明方法，如：举例子、作比较、列数字、打比方等。
4. 可以分段介绍动物的不同方面。

现在，你可以结合语文课中学习到的说明文的写作方法，向更多的人介绍这种濒危动物。

模块三 濒危动物我介绍

现在，相信你已经对这种濒危动物有了全面的了解，但是还有很多人对它并不熟悉。所以，请以小组为单位，利用课余时间，运用你学过的各科知识，充分向大家展示它的无限魅力。

你可以和组员一起打开电脑制作一个精美的 PPT（演示文稿），还可以拿起画笔绘制一张生动的宣传画，更可以……同学们，行动起来吧！

信息老师小提示

1. 主题明确，结合濒危动物的实际。
2. 页面效果设置恰当、出示时间合理。
3. 演示效果总体感觉和谐，操作方便。

美术老师小提示

1. 内容原创，有想象力。
2. 画面美观，色彩和谐。
3. 作品整体效果好，有教育意义。

学习总结

经过学习，相信大家有了很多收获和感想，及时总结能帮助你更好地进行学习。

经过对______这种濒危动物进行调查，我提出的问题是：

1. ______________________

2. ______________________

3. ______________________

学习评价

本次博物馆课程已经告一段落，你在本次活动中的表现如何呢？

与小伙伴一起进行评价，将对应的等级填入表格内。

五年级学生博物馆课程学习总评

评价项目	优秀	良好	一般	自评	互评
信息检索	能借助不同的方法，获取到有价值的信息	能借助某种方法，获取到一些信息	没有找到任何信息		
研究实践	清晰明确地知道自己的任务，并认真完成，能为小组完成任务提供有价值的内容	对自己承担的任务并不清楚，但能为小组完成任务付出努力	个人研究内容简单，调查方法单一		
合作共享	能积极参与小组活动，认真倾听他人的意见，遇到不同意见能主动和对方交流，不断优化本组研究内容	能参与小组活动，但不能主动向大家介绍，不会借助别人的意见优化本组研究内容	不喜欢和别人合作，未向大家介绍研究内容		

六年级

主题二 生物多样性及保护

同学们，一年一度的博物馆课程又要开始啦！还记得五年级时你重点调查的濒危动物吗？今年我们继续从生物多样性角度深入研究它们濒临灭绝的原因，并积极寻找保护它们的方法，尽己所能地帮助它们。你准备好了吗？

温故知新

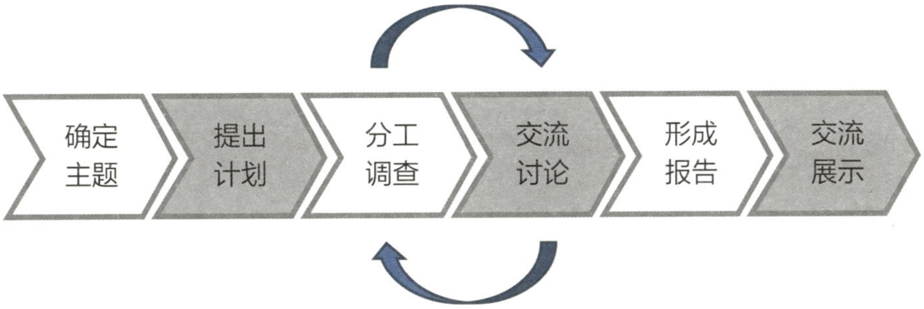

第一步，确定主题。你需要确定一个主题，并提出初步的计划，也就是说你要提前学习相关的资料和内容，做好研究准备。

第二步，提出计划。在确定主题后，你需要综合考虑研究的内容，明确研究过程中需要完成的步骤。

第三步，分工调查。根据研究过程中的步骤，合理进行组内分工。根据分工任务，利用各种方法进行调查。

第四步，交流讨论。分工调查结束后，汇总调查结果，在交流中筛选信息，并不断完善。

第五步，形成报告。参考研究报告的模板和形式要求，完成研究报告。

第六步，交流展示。运用多种形式展示小组的研究成果。

思考：对于这次的研究主题，你认为还可以增加哪些步骤？

我认为________________________________

____

____

问题与思考

生物多样性是人类社会赖以生存和发展的基础。我们的衣、食、住、行及物质文化生活的许多方面都与生物多样性的维持密切相关。生物多样性为我们提供了食物、纤维、木材、药材和多种工业原料。我们的食物全部来源于自然界，维持生物多样性，我们的食物品种会不断丰富，人民的生活质量会不断提高。中国是地球上生物多样性最丰富的国家之一，在世界拥有较高的地位。1990 年生物多样性专家把中国生物多样性排在 12 个全球最丰富国家的第 8 位。在北半球国家中，中国是生物多样性最为丰富的国家。

保护生态，人人有责。为什么地球上会有不同的物种？请你查阅相关资料，找到其中的奥秘。

思考一

生物多样性是指______________________

思考二

生物多样性包括__________、__________和__________。

思考三

人类可以通过以下四种措施保护生物多样性：

①______________________ ②______________________

③______________________ ④______________________

思考四

保护生物多样性的意义在于：______________________

____

合作学习，深入研究

在五年级的博物馆课程学习中，相信你已经对某一种濒危动物有了深入的了解。在这次的学习中，希望大家可以更进一步，探究这种动物濒临灭绝的原因，并帮助它们更好地生活在地球上。

根据五年级时的研究学习和兴趣，我决定和________、________、________、________、________自愿组成一队，我们愿意对______________这一种濒危动物伸出援手，我们将共同完成本次课题的研究。

我们确定的课题名称是：______________________________

我们小组的研究计划是：

模块一 濒危原因我调查

小组合作，分工整理。

下面是一个例子，你们可以参考。

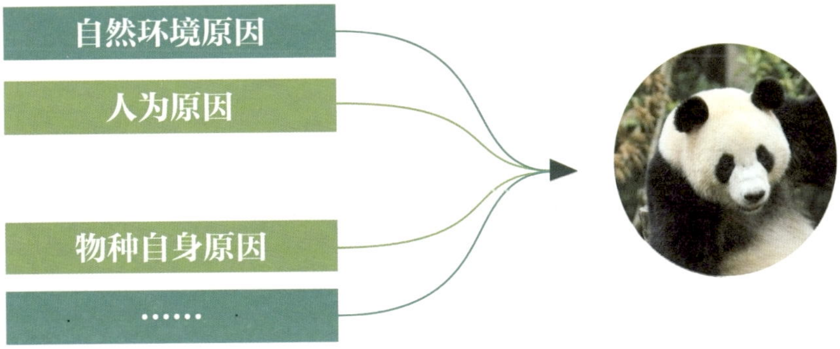

经过小组分工，我负责调查的内容是______________，我选择的调查方法是________________。

模块二 濒危原因我研究

通过模块一中的调查，相信你已经对______________的濒危原因有了一定的认识，下面请以小组为单位进行交流，可以借助下面的表格对查找到的资料进行整理。

自然环境原因	
人为原因	
物种自身原因	

模块三 保护对策我思考

通过对濒危原因的调查与梳理，你的感受是____

____。

结合“保护生物多样性”的相关知识，我们体会到保护濒危动物刻不容缓。

对于______________这种濒危动物，我们要怎样与它们和谐共处呢？和你的小组成员一起展开一场“头脑风暴”，针对它们濒临灭绝的原因，积极地寻找对策吧！

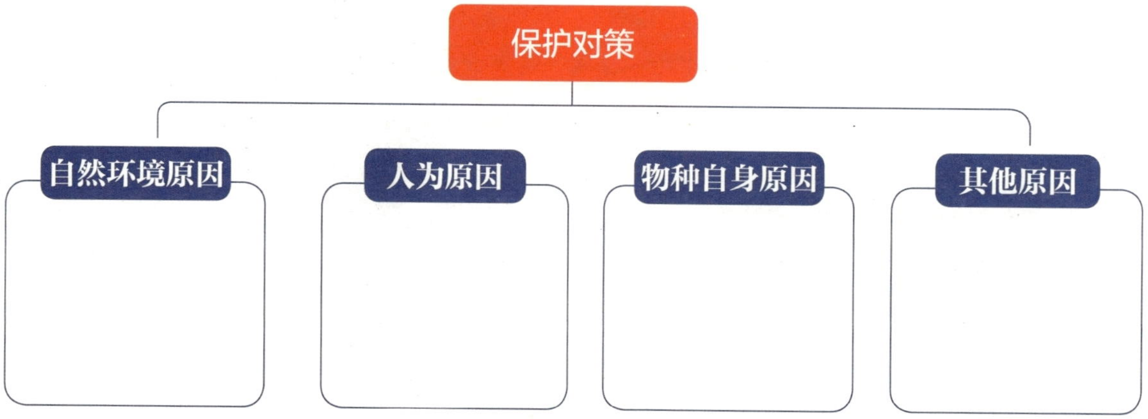

模块四 研究报告我撰写

接下来，请你和小组成员一起撰写研究报告。可以参考下面的框架进行撰写。

研究小课题名称	
小组成员	
研究方法与过程	
研究结果与发现	
附件一：研究工具，访谈问题	（如果有可附上）
附件二：参考资料和文献	（如果有可附上）

语文老师小提示

1. 研究主题的切入点要小、要细，从细微处入手，以小见大。
2. 若研究过程很复杂，小组内可分工进行，组长要做好协调工作。
3. 总结研究结果时，最好分条目陈述。

研究报告的框架已经搭建好了，接下来请你和小组成员一起撰写研究报告吧！

模块五 研究结果我展示

同学们，相信你们通过这段时间的合作学习，开阔了视野，增长了见识。对于保护生物多样性的重要性，相信你也有了深刻的认识。接下来，请你和小组成员一起，将这段时间的研究成果呈现给大家。你可以通过研究分享（制作 ppt）、制作公益广告等方式，让更多的人了解保护濒危动物的重要性。

语文老师小提示

1. 将你的研究成果提炼出重点词句，在 PPT 上尽量呈现出重点内容，切忌文字堆砌。
2. 公益广告语的撰写首先要做到简单明了，在此基础上可以尝试写得令人震撼、引人入胜或发人深省。

拓展阅读

请你认真阅读下面的材料，思考问题。

材料 1:

2003 年，非典 SARS 爆发，5 个月波及 27 个国家，造成 8000 多人感染，近 800 人死亡。以钟南山院士为首的千万医护工作者，经历半年多的抗争，才将 SARS 有效控制住。经过调查研究，SARS 病毒的直接传染源正是广东野生动物市场里被贩卖、宰杀、供人食用的果子狸。

研究人员曾做过统计：世界上有超过 75%的新发传染病来源于动物。生物安全等级比艾滋病还高 1 级的埃博拉病毒，正是由于在非洲农村地区的人经常狩猎食用丛林野生猩猩、猴子和蝙蝠，才导致动物身上的病毒多次感染人，最后向城市扩散。

在已知的 1415 种病原体中，有 62%是人兽共患病；在众多新发传染病中，有 75%以上来源于动物。SARS 病毒、埃博拉病毒使人类付出了惨重代价。

野生蛇

携带多种体内寄生虫，包括舌形虫、曼氏迭宫绦虫、隐孢子虫、颚口线虫、广州管圆线虫、线中殖孔绦虫等，且均为人兽共患寄生虫。

穿山甲

携带多种体内寄生虫，包括弓形虫、肺吸虫、绦虫、旋毛虫等，会损伤肠胃并引发心肌炎、肺炎、肝炎等并发症。肉及甲片无滋补作用和药用价值。

野猪

携带多种蜱虫及众多体内寄生虫，包括蛔虫、线虫、人体旋毛虫、细颈囊尾蚴等，会损伤肠胃、大脑等多个脏器。

果子狸

已成为 SARS 病毒等多种病毒传播的中间宿主。携带多种体内寄生虫，包括旋毛虫、斯氏狸殖吸虫等，会损伤肺部及中枢神经。携带狂犬病病毒。

野兔

携带众多体内寄生虫，包括弓形虫、脑炎原虫、肝毛细线虫、肝片吸虫、日本血吸虫、囊尾蚴、连续多头蚴等，会损伤肠道、肝脏等身体器官。

蝙蝠

身上能携带超过 100 多种病毒，是真正的高致病性病毒“蓄水池”。SARS 病毒、埃博拉病毒、马尔堡病毒、尼帕病毒、亨德拉病毒、MERS 冠状病毒等都最早在蝙蝠体内发现。蝙蝠作为唯一会飞行的哺乳动物，让很多野生动物成为了病毒的中间宿主。

材料 2:

为保护和拯救珍贵、濒危野生动物，保护、发展并合理利用野生动物资源，维护生态平衡，中国制定了《中华人民共和国野生动物保护法》。经 1988 年 11 月 8 日七届全国人大常委会第 4 次会议修订通过，自 1989 年 3 月 1 日起施行。本法又于 2004 年、2009 年、2016 年和 2018 年进行四次修正、修订和修改。

请你根据上面两则材料思考，为什么已经出台的法案也难以遏制野生动物的买卖？保护野生动物还需要人们做出哪些努力？

主题三

国门安全

通过阅读以上资料，和国门生物安全展厅的实地参观学习，相信你对国门生物安全有了更加深入的认识。请你和小组成员一起，以“守护国门安全”为主题，运用五年级博物馆课程中学习到的调查方法，展开调查。

国门生物安全展厅是中国科学院与质检总局精诚合作、优势互补、资源共享、共同打造的保护国家生物安全的重要平台。旨在通过国门生物安全展厅的科普宣传，增强观众的国门生物安全意识，让更多的民众了解国门生物安全的紧迫性和严重性，特别是鼓励青少年做国门生物安全的宣传者和保护者，共同营造国门生物安全人人有责、从我做起的社会氛围，进一步扩大检验检疫系统保障国门生物安全的社会影响力，为抵御外来有害生物的入侵、维护国门生物安全、保护生态平衡贡献力量。（来源：国家动物博物馆微信公众号）

阅读材料：中国外来入侵物种名单

《中国外来入侵物种名单》是中华人民共和国政府发布的在中国危害比较大的入侵物种的一个名单。分别在 2003、2010、2014 和 2016 年分 4 批发布，共有 71 个物种。保守统计，在全国大部分地区范围内，中国的入侵物种有 754 种，其中植物 265 种，动物 171 种，菌类微生物 26 种。以西南和沿海地区情况最为严重，同时还缺乏一个预警机制。（来源：百度百科“中国外来入侵物种名单”词条）

· 什么是外来物种

在生物学上，外来物种是指出现在其自然分布范围和分布位置以外的一种物种、亚种或低级分类群，包括这些物种能生存和繁殖的任何部分、配子或繁殖体。外来物种入侵是指生物物种由原产地通过自然或人为的途径迁移到新的生态环境的过程，它有两层意思：第一，物种必须是外来、非本土的；第二，该外来物种能在当地的自然或人工生态系统中定居、自行繁殖和扩散，最终明显影响当地生态环境，损害当地生物多样性。入侵的外来物种可能会破坏景观的自然性和完整性，摧毁生态系统，危害动植物多样性，影响遗传多样性 。

[《我国外来物种入侵防控的法律问题探究》中国广播网（引用日期 2014-04-02）]

· 外来物种入侵的途径

外来物种的入侵途径大体如下：一是自然入侵。这种入侵不是人为原因引起的，而是通过风媒，水体流动或由昆虫鸟类的传带，植物种子或动物幼虫发生自然迁移造成生物危害所引起的外来物种入侵。如紫茎泽兰、薇甘菊，以及美洲斑蝇都是靠自然因素入侵中国的。二是人为引进。人为引进分两种方式，有意引进和无意引进。有意引进，包括出于观赏、药用、饲料等目的的引种，出于生物防治、绿化、水土保持等目的的引种。各国为了发展农业、林业、渔业，往往会有意识引进优良的动植物品种，但由于缺乏全面综合的风险评估制度，世界各国在引进优良品种的同时也引进了大量有害生物，如福寿螺、水葫芦等。这些入侵物种由于被改变了生态环境和食物链，在缺乏天敌制约的情况下泛滥成灾，造成了严重的生态危害。三是无意引进。这种引进虽是人为的，但其主观上并无引进意图，而是随着进出口贸易海轮或入境旅客无意间被引入的。如“松材成虫”就是中国贸易商在进口设备时随着木制包装箱带进来的。此外入境旅客带的水果、肉类，甚至旅客的鞋底也会成为外来物种入侵的途径。

[《我国外来物种入侵防控的法律问题探究》中国广播网（引用日期 2014-04-02）]

模块一 国门安全我关注

任务 1

1. 请根据材料的内容，照样子将图例补充完整。

2. 分别计算出各类物种占入侵物种的百分比，照样子标记在扇形统计图上。

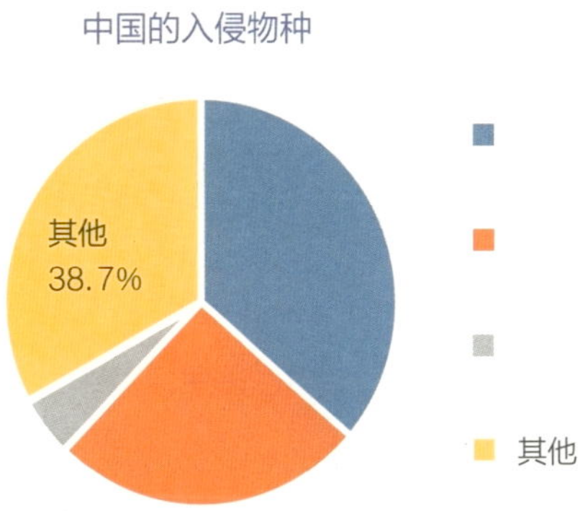

任务 2

根据上述材料，请你提取相关内容，对“外来物种入侵”的概念进行解释，将右侧的思维图补充完整。

外来物种入侵的基本概念

1. 物种必须是 ______________________

2. 该外来物种能在当地的自然或人工生态系统中 ______________________

____

____

任务 3

1. 根据上述材料，请你提取相关内容，对外来物种入侵的途径进行概述，将右侧的思维图补充完整。

2. 根据上述材料，结合自己查阅的信息，完成其余问题。

外来物种入侵的途径

1. ____________

2. ____________
- ____________
- ____________

【问题】

1. 有人认为，人类出于各种不同的目的，有意引进外来物种并加以管理，是不会造成外来物种入侵的。你认为这种想法对吗？简单说一说你的观点。

____

____

____

2. 为了防止外来物种入侵，守护国门安全，作为一名学生，我们需要注意什么？可以怎样做？

____

____

____

____

任务 4

1. 利用网络等多种途径，查阅《中国外来入侵物种名单》。

2. 选择其中一个外来入侵物种，利用科学课所学知识，以及右侧提示，绘制一张资料卡。

3. 在班内展示并介绍自己感兴趣的这个物种。

外来入侵物种名称

手绘物种结构图

物种特征介绍

____

____

____

____

该物种于何时入侵中国：____________________

该物种原产地在何处：____________________

该物种现分布于中国何处：____________________

该物种对入侵地区产生了何种灾害：____________________

____

模块二 国门安全我研究

请你和同学一起撰写一篇关于国门安全的研究报告，并进行分享。

语文老师小提示

1. 小组合作完成，组长要做好协调工作。
2. 研究报告格式要规范。
3. 研究主题的切入点要小、要细，从细微处入手，以小见大。

模块三 国门安全我守护

入侵的外来物种，能否变害为利？你有什么方法？

____

____

____

____

通过我的调查以及和同学们的分享，作为中国的公民，为守护国门安全，我可以做到：

1. ______________________________

2. ______________________________

3. ______________________________

4. ______________________________

学习总结

经过学习，相信大家有了很多收获和感想，及时总结能帮助你更好地进行学习。

学习评价

同学们，经过博物馆课程的学习，相信你们已经具备一定的实践研究能力了。如果想更上一层楼，你们要记住“业精于勤，荒于嬉；行成于思，毁于随”！

请在勤于动手实践的基础上，进行自我评价与反思吧！

参考之前的评价内容，自己制定一份“六年级学生博物馆课程点评”评价单，邀请同学、老师、家长一起对自己的成长进行评价。

Part 3

课程实施

全科式博物馆课程校本化实施路径

自2015年7月31日，《北京市实施教育部〈义务教育课程设置实验方案〉的课程计划（修订）》（简称《课程计划》）出台以来，新课程设置方案的新理念、新要求，特别是学科实践活动的设置，为学校活动育人提供了明确的政策支持。北京市海淀区前进小学将博物馆课程作为综合实践活动课程的有机部分，进行了有规划、有战略、有步骤、有阶段的实施。

一、重构学校课程体系（2015年8月——2016年1月）

新的《课程计划》出台后，北京市海淀区前进小学围绕办学理念和育人目标，重构了学校的课程结构，优化形成“勤·思”课程体系，突出活动课程、实践课程的育人地位。为了充分发挥学科综合实践活动这一育人平台的最大功效，自2015年9月开始，北京市、海淀区、学校三级，在学习新的《课程计划》文件基础上，充分领会了课改的新理念，即“做中学”的模式。在推进课程实施的过程中，学校充分利用10%的学时的学科实践活动，来撬动90%甚至是整体的课程改革，使课程体系进一步得到优化。针对学科实践活动开展中的若干问题，学校特设“全学科实践周”，并集中实施，为博物馆课程实践活动的实施保驾护航。

二、优化课程结构（2016年2月—2016年7月）

为落实课程整体育人，加强活动育人，北京市海淀区前进小学课程团队围绕办学理念和育人目标，重构了原来的课程结构，优化形成新的“勤·思”课程体系，突出活动课程和实践探究育人的地位。

（一）“勤”、“思”二字取自唐朝韩愈《进学解》：“业精于勤，荒于嬉；行成于思，毁于随。”意在帮助学生从小养成勤学、勤勉之习惯，发展爱思考、善思考之思维，形成专心致志、精益求精、坚持不懈之良好品格，培养“勤·思”少年。

（二）在办学理念和育人目标的统领下，建立了“勤·思”课程体系的基本架构——“三级、四类”的总体结构。将教育教学的诸多内容、活动纳入课程，使教育教学的各方面更为融合，相互联系，相互促进。

1. 三级：勤习课程、乐学课程、善思课程。

2. 四类：所有课程分属四个门类，分别是“语言与人文”、“数学与科技”、“艺术与审美”和“体育与健康”。

“勤·思”课程体系框架图如下：

（三）“勤·思”课程体系分为三级课程集群：勤习课程群（基础型课程）、乐学课程群

（拓展型课程）、善思课程群（研究型课程）。

1. 勤习课程群以国家课程为主体，主要包括六大领域：语言、科学、社会、艺术、健康、综合。勤习课程群重在让学生掌握基础知识，学习基本技能，践行核心价值观，为进一步的学习发展打好基础。

2. 乐学课程群以地方课程、校本课程为主体，是国家课程内容的拓展和延伸，为学生拓展认知、提升能力、发展个性服务。主要包含专题教育、班队活动、节日活动、志愿服务等内容。

3. 善思课程群以综合实践活动课程为主，是一种跨学科、跨领域的课程实施形式。善思课程群分为“魅力文化”“创意设计”“研究探秘”和“生活体验”等主题。旨在通过引导学生开展跨学科的探究活动、主题研究和项目学习，发展学生的学习力、思维力和研究力，培养学生的探究精神、思维方法和创新品格，为学生的高阶思维发展和综合素养提供服务。

可以看出，新的课程体系中重点增加的乐学课程群和善思课程群，都是强调学生在活动和实践中的学习、探究和发展。其中乐学课程中对国家课程内容的拓展和延伸，正是我们开展学科实践活动的重要方式。而善思课程群中的每一板块：“魅力文化”“创意设计”“研究探秘”“生活体验”都是我们深化学科实践活动的新板块。博物馆课程搭建了乐学课程群和善思课程群的桥梁，是前进小学开

展学科实践活动、实现综合育人目标，培养“勤·思”少年的重要载体。

三、课程整合实施（2016年9月——2017年1月）

学校利用10%学时的学科实践活动去撬动教师100%教学思想的转变。教师在开展学科实践活动专题研究的基础上，开展了以“学科整合”“主题学习”“实践性学习”“发展性评价”等为核心的教育教学改革研究，探索高质量的有效教学，取得了较好的成效。

（一）探索了实践活动与学科整合的实施方式，将学科实践活动的实施置于整体课程框架下，建立学科课程与实践活动之间的联系。

“不低于10%学时的学科实践活动”是本次课程计划的指导依据，但问题也随之而来：10%学时的学科实践活动与整体课程结构之间是什么关系？如何有效落实10%学时的学科实践活动？……最初，这些问题困扰着我们，但在多次的理论学习、专家指导和共同研讨下，大家弄清楚了学科实践活动的本质，也一致认为学科实践活动要结合学校的实际情况来安排设置，不能盲目追求形式化的实践活动，要充分发挥学科课程之间的育人合力。结合学科实践活动的实施，要进一步落实和凸显学校办学理念、育人目标以及特色课程的设置，以学科实践活动拓展学校的特色发展空间。

为此，我们结合学校的办学理念和育人目标，希望充分利用这10%学时的学科实践活动，撬动90%甚至是整体的课程改革，使得课程体系进一步优化，使师生有更多获得感。我们将这10%学时的学科实践活动纳入学校三级课程体系（勤习课程、乐学课程、善思课程）中最高层级的善思课程之中。善思课程以探究学习为主，更多关注学生的学习体验、动手实践及创新意识培养。

同时，为了处理好这10%学时和其余90%学时的关系，我们将善思课程与勤习课程（基础课程）紧密结合，探索出有效的课程整合模式。

教师在学科整合的过程中，从各学科知识的内涵和外延的联系方面进行整合，综合采取了“学科内整合”“学科间整合”“跨学段整合”“学科间教师合作教学”等丰富形式。打通了90%学时的国家必修课程、校本选修课程与10%学时的学科实践活动之间的联系，使学校课程成为一个有机整体，为学生的综合素养发展服务。

在具体实施中，我们在基础型课程的基础上创设了开展各学科实践活动的探究型课程，每学期特设“全学科实践周”，集中实施，整体推进，为学科实践活动的实施保驾护航。

我们结合学校课程体系的四类内容——“语言与人文”“数学与科技”“艺术与审美”以及“体育与健康”，将“全学科实践周”的实践活动项目划分为四个模块领域，即“魅力文化”“创意设计”“生活体验”“研究探秘”。学校“全学科实践周”的开展，由第一届的单学科进行主题实践，到第二届、第三届的多学科融合、跨学科整合进行主题实践。教师关注联系学生的生活实际，有效地将学科内容融入学生生活实践中，使学科实践活动成为课内学习的有益补充。培养学生的合作与创新能力、研究与实践能力，促进学生全面而有个性地发展。

前进小学第一届“全学科实践周”实践活动项目

形　式	整合主题	年　级	学　科
学科内整合	说明文的秘密	四年级	语文
	扫一室	四年级	语文
学科间整合	轴对称图形	三年级	数学、美术
主题式跨学段整合	和平	五、六年级	语文
学科间教师合作教学	情景表达——春天的故事	一年级	语文、美术（手工制作）
	七巧板的故事	一年级	数学、英语
	COLORFUL PLAY DOUGH	三年级	英语、美术（手工制作）

前进小学第二届“全学科实践周”实践活动项目

模块领域	项目主题	涉及年级和学科
魅力文化	情景表达：我的图形故事	一年级语文、手工
	小脚丫走中国系列二：我是家乡小小推介员	三年级语文
	小导游介绍大世界	六年级英语、电影
	MY FAMILY	三年级英语、美术
创意设计	绘制校园平面图	五、六年级数学、综合
	我们一起去春游	三年级数学
	我是社区小主人	四年级语文
生活体验	我的奥林匹克	二年级语文、数学
	才艺展示嘉年华	音乐、形体
	走进植物栽培的世界	中年级科学、品德
研究探秘	七巧板的故事	一年级数学、英语
	“前进好声音”校园英语歌曲大赛	四年级英语、数学、音乐
	走进大钟寺	五、六年级语文、书法
	投掷游戏	体育

（二）调动教师参与积极性，提高教师设计和实施综合实践活动课程的能力。

教师是课程的最终实施者，课程目标的落实、课程内容的统整，都有赖于教师的专业功底。学科实践活动的真正落脚点在哪？如何用10%学时的学科实践活动去撬动教师100%教学思想的转变，进而增加学生的实际获得？作为学校管理者，如何有效激发教师参与课程建设的积极性，让老师在课程建设中更新理念、提升能力，需要管理者用心设计。我们提出“不能让一个老师掉队”的思想。

在进行多次的尝试之后，我们发现，利用参与式教师培训、联动教研等形式“磨”出来的课程，能够帮助教师提升学科实践活动课程的开发理念和实施能力。通过教师积极参与和相互交流学习，一方面，指导教师挖掘本学科实践活动内容，积极开展基于教学问题的实践研究活动设计，推动学生学习方式的转变，为学生创设更为开放、灵活、可选择的学习空间；另一方面，引导教师加大跨学科整合力度，除了相近学科在同一领域的整合之外，还进一步加强了语文、数学、外语等学科在学科实践活动中的应用。此外，在设计学科实践活动的时候，尤其注重引导教师关注联系学生的生活实际，有效地将学科内容融入学生的生活实践中，使学科实践活动成为课内学习的有益补充。

前进小学全学科实践周活动设计方案

<table>
<tr><td>学　　科</td><td colspan="2"></td><td colspan="2">融合学科</td><td></td></tr>
<tr><td>年　　级</td><td colspan="2"></td><td colspan="2">主　　题</td><td></td></tr>
<tr><td>参与教师</td><td colspan="5"></td></tr>
<tr><td>设计思路</td><td colspan="5"></td></tr>
<tr><td>活动目标（要体现出相关学科的教学内容和育人目标）</td><td colspan="5"></td></tr>
<tr><td rowspan="5">预设的活动内容及形式</td><td></td><td>活动内容及形式</td><td>所需学时</td><td colspan="2">活动目的</td></tr>
<tr><td>1</td><td></td><td></td><td colspan="2"></td></tr>
<tr><td>2</td><td></td><td></td><td colspan="2"></td></tr>
<tr><td>3</td><td></td><td></td><td colspan="2"></td></tr>
<tr><td>4</td><td></td><td></td><td colspan="2"></td></tr>
</table>

续 表

评价学生参与活动过程与效果的依据	1		关注重点	
	2		关注重点	
	3		关注重点	
	4		关注重点	
	5		关注重点	
相关教师分工	1			
	2			
	3			
	4			
活动所需场地、材料或设备等				

在原则和标准上，我们统一要求，对于教师的具体活动方案，我们以开放、包容的态度来对待。在设计学科实践活动的时候，我们明确提出以下四个自定：

一、活动选题自定。教师仔细研读教科书，将能够充分体现活动性的教学内容确定为实践活动的主题。

二、活动时间自定。在这一周中，铃声不再具备原来的作用，各学科教师根据设置的活动方案，自由支配活动时间的长度。

三、活动地点自定。根据活动需要自由选择学科实践活动的地点。

四、活动形式自定。学科整合的实践活动方式还是独立学科的实践活动方式，教师可以根据学生需要自定，可团队协作也可个人独立实施。尤其注重引导教师关注联系学生的生活实际，有效地将学科内容融入学科实践中，使实践活动成为课内学习的有益补充。

方案的“磨合”是必不可少的过程。为了设计一个跨学科、跨学段的综合实践活动，不同学科、不同年级的老师坐在一起不知磨合了多少回。然而，就是在这样一个特别煎熬的过程中，老师们却难得的团结，大家克服了各种困难，积极参与方案的设计和一次次的研讨修改，把追求最好的效果当作共同的目标。学校课程团队与区教科院专家多次与教师进行意见交流、思维碰撞，一个方案、一个方案地给老师提意见，帮助修改完善。

前进小学学科实践活动评价标准

评价项目	评价标准	分 值
设计思路	1. 有清晰的活动设计背景分析（教材分析或单元分析） 2. 活动设计与学科教学安排紧密结合 3. 关注学生核心素养的培养（兴趣、方法、习惯等）	10 分
活动目标	1. 有清晰的知识性目标和能力性目标（运用知识解决生活实际问题） 2. 跨学科主题要对各学科教育目标有所体现 3. 有能体现学科实践活动的综合性育人目标	15 分
活动内容	1. 所选内容能够体现学科特点 2. 内容具有一定综合性，对教科书和学科有一定超越 3. 活动内容、主题符合学生年龄特点、现实条件，具有可行性 4. 有系统完整的活动计划、进度安排、组织方法及实施步骤	25 分
活动形式	1. 形式新颖，课内外结合，能够激发学生兴趣 2. 为学生提供更多的自主探究空间和合作学习机会	10 分
活动效果评价设计	1. 以过程性评价为主，关注学生参与活动的过程 2. 有相应的评价辅助表格或工具	10 分
团队情况	1. 团队成员搭配与活动主题吻合 2. 能根据活动内容合理分工 3. 全体成员积极参与活动全过程	10 分
活动效果总结反思	1. 能及时总结、反思活动效果 2. 有数据或学生感言等支撑材料 3. 撰写了总结反思文本 4. 对后续活动方案的改进和完善有了一定想法	10 分
过程性材料	1. 有活动现场照片、视频等 2. 有学生参与活动过程中制作的作品、海报、图表等	10 分
	总计：	100 分

最终，学校首届“全学科实践周”顺利开展，异彩纷呈。此后，我们驾轻就熟，并不断完善和深化活动方案，连续举行了三届“全学科实践周”，活动效果显著。在第四届、第五届“全学科实践周”中，我们带领教师研究博物馆课程，将北京各大博物馆作为孩子们学习知识和解决问题的场所，孩子们开始带着任务走进博物馆了。

在不断的“打磨”中，教师的综合实践活动方案更多关注对学生的学习体验、动手实践及创新意识的培养，通过课程内容的整合，减轻了教与学的负担，提高了课程建设的质量，提升了学生的综合素养。综合实践活动为老师、学生搭建了共同成长的平台。

四、课程深化阶段（2017 年 2 月至 2018 年 7 月）

学校带领教师不断深化学科实践活动和学校善思课程体系，将研学旅行的内容与学科实践活动紧密结合，将学生研学旅行的目的地定在北京市各大博物馆。教师们开发了涵盖一到六年级、涉及语数外音体美科信息技术等所有学科的、符合学生年龄特征、具有层级发展目标的博物馆课程。

（一）将学科实践活动与研学旅行相结合，开发了涵盖一到六年级的具有综合实践特色的博物馆课程。

我们开始初步尝试以北京市各大博物馆作为载体，探索在博物馆中开展实践活动。例如：

2016 年博物馆实践课程

奇妙的星空——一到三年级天文馆课程

方寸之间的文化——四年级北京古钱币博物馆课程

春风又绿金水畔，雨燕衔枝暖皇城——五、六年级故宫博物院课程

钟铃从这里响起——五、六年级大钟寺古钟博物馆课程

随着学科实践活动的深入推进，2017 年，我们在初步尝试的基础上，又将研学旅行与学科实践活动进行了整合实施。

作为小学，组织学生进行长时间、远距离的研学旅行活动具有一定的操作难度和风险性。如何有效解决这一问题，我们的教师团队又开始了新的探索。这一次，我们又寻找到了新的结合点：将小学研学旅行的目的地定在各大博物馆，将研学旅行的内容与学科实践活动紧密结合。

充分利用北京丰富的博物馆资源，开展综合实践活动。我们认为，博物馆内容的丰富性、博物馆场地的安全性、博物馆活动的易组织性以及博物馆面对集体和团队的接待能力，都非常适合小学生，是小学特别是小学低学段开展半天、一天综合实践活动的首选资源。

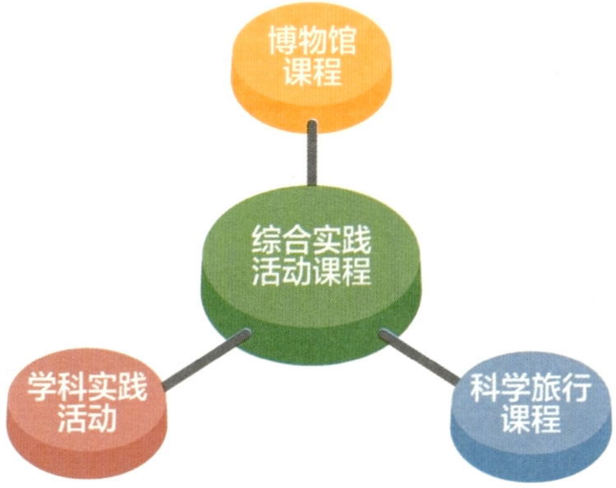

于是，教师们的创意火花再次点燃，经过 2017 年上半年的探索，我们教师开发了涵盖一到六年级、涉及所有学科的、符合学生年龄特征、具有层级发展目标的博物馆课程，深化了学科实践活动和学校善思课程体系。

前进小学首批一到六年级全科式博物馆课程

年级	博物馆	课程主题	涉及学科
一年级	国家动物博物馆	有趣的动物王国	语文、数学、科学、艺术、音乐、美术、体育
	国家动物博物馆	探秘动物王国	语文、数学、英语、美术、音乐、体育
二年级	北京奥运博物馆	探秘体育世界	语文、数学、英语、音乐、体育
	国家典籍博物馆	小书郎 赏典籍 品国粹	语文、数学、英语、美术、阅读
三年级	国家动物博物馆	奇妙的昆虫世界	语文、数学、英语、美术
	国家动物博物馆	羽翼王国大搜索	语文、数学、英语、美术、音乐、书法、体育
四年级	中国铁道博物馆	探寻铁道王国的秘密	语文、数学、科学、美术、电影
	中国钱币博物馆	源远流长势辉煌 金银铜铁展华章	语文、数学、英语、美术、科学、电影、体育
五年级	故宫博物院	凤阙龙阁势恢宏 天下皇家第一宫	语文、数学、英语、科学、美术、书法、信息技术
	北京戏曲博物馆	京韵之味 戏曲之美	语文、数学、音乐、美术、艺术
六年级	中国长城博物馆	寻访古代遗迹 感悟历史文化	语文、数学、英语、科学、书法、体育
	北京奥运博物馆	重温奥运梦 讴歌体育魂	语文、数学、信息技术、体育

博物馆课程的特点是主题探究、学科融合，通过体系化的设计，服务学生综合素养的发展。从一年级到六年级，每一个博物馆课程都有具体的活动目的和主题设计，帮助学生在走进博物馆开展探究学习过程中，有所收获、有所发展。

（二）博物馆课程的设置，一方面丰富了我校善思课程内容；另一方面，也将早先我们单一学科的实践活动进行了大整合，实现了跨学科。

每一个年级的博物馆探究任务，都尽可能地把各个学科知识内容整合进来，使探究任务成为各个学科的练兵项目。活动结束后，各学科教师都会针对博物馆探究过程，开展一系列的后续延伸活动，帮助学生将实践探究过程转化为展示自我、深入学习的动力之源。

五、过程评价探索（2018年2月至今）

综合实践活动不是为了活动而活动，各种丰富多彩的活动形式，只是实现教育功能的实际载体。也就是说，综合实践活动的成效，不是体现在活动的种类和学生参与的积极程度上，而是体现在学生活动之后实实在在的收获中，这些收获既包括学生知识的增长、能力的发展以及学生品德和人格的成长与完善，也包括学生对于同学之间交流、沟通、合作、分享、互助、关爱等的理解和诠释。

为了使学生真正通过学科实践活动增长知识、发展能力、陶冶情操，每个活动方案后面都有一套详细的活动效果综合评价标准。教师从纪律性、参与度、合作能力、任务质量等多方面对学生的参与情况进行考评。这与传统考评方式最大的不同就在于，分数的作用淡化了，更注重孩子全方位的发展和各种创意的迸发。

在每一次博物馆课程中，都设计有集知识性、实践性和趣味性于一体的课程评价内容。以竞猜、问答、互评等方式附在学生实践活动手册上。对参与答题的学生，根据答题正确率给予相应奖励，以此鼓励学生积极有效参与活动，同时检测实践效果，收集分析调查数据，利用分析报告指导下一次活动。同时关注学生综合实践活动中“学习常规、学习态度、纪律意识、文明礼仪、合作交流”等方面的过程性评价。评价分为过程性评价和终结性评价。

过程性评价内容涉及学生参与实践活动的方方面面，如礼仪常规、小组合作、学习过程等，如表 1、表 2、表 3 所示。

表 1　学生参与实践活动的礼仪常规评价表

评价项目	关键评估点	赋　分
时间观念	能够做到守时，没有无故缺勤、迟到等现象	10　9　8　7
专注学习	态度认真，准备充分，有成果收获	10　9　8　7
纪律意识	能够自觉服从老师管理，听从安排	20　18　16　14
文明礼仪	在公共场合能够注重礼仪规范	20　18　16　14
良好形象	严于律己，乐于助人，能够始终保持良好的学生形象	20　18　16　14

表 2　学生小组合作情况评价表

评价项目	评价要求	评价等级（2～4星）	
小组合作能力	小组成员合理分工，积极参与活动		
信息收集能力	能在博物馆中找到需要的信息并完成学习内容		
交流能力	能把观点表达出来，积极与同伴进行交流，参与小组讨论		

表 3　学生参与实践活动学习过程评价表

<table>
<tr><th>评价项目</th><th>评价指标</th><th>自　评</th><th>互　评</th><th>师　评</th></tr>
<tr><td>学习常规</td><td>遵守纪律，有序参观博物馆，不影响同学学习，带好学习资料</td><td></td><td></td><td></td></tr>
<tr><td>学习态度</td><td>积极动脑、动口、动手参与，认真记录，积极思考，敢于提出问题</td><td></td><td></td><td></td></tr>
<tr><td>合作交流</td><td>出色完成小组分配的任务，主动与同学合作，认真倾听同学观点和意见，公正评价他人并积极发表观点</td><td></td><td></td><td></td></tr>
<tr><td>学习效果</td><td>按时独立完成探究报告，能运用所学知识解决问题，能提出新的问题</td><td></td><td></td><td></td></tr>
<tr><td colspan="5">最突出的表现（创新或进步）：
自评：
组长评：
师评：</td></tr>
<tr><td colspan="5">还需注意或改进的地方：
自评：
组长评：
师评：</td></tr>
</table>

终结性评价关注学生参与实践活动的学习成效和能力发展情况，如表 4 所示。

表 4　学生学习成果交流评价表

<table>
<tr><th rowspan="2">评价项目</th><th rowspan="2">观察评估点</th><th colspan="3">赋　分</th></tr>
<tr><th>优秀</th><th>良好</th><th>一般</th></tr>
<tr><td>原创性</td><td>分享成果是否为原创，原创的分量有多少</td><td>4</td><td>3</td><td>2</td></tr>
<tr><td>主题</td><td>主题是否明确，是否符合博物馆课程实践</td><td>4</td><td>3</td><td>2</td></tr>
<tr><td>内容</td><td>内容是否丰富多彩</td><td>4</td><td>3</td><td>2</td></tr>
<tr><td>形式</td><td>是否有特色，是否做到图文并茂，是否最大限度为主题服务</td><td>4</td><td>3</td><td>2</td></tr>
<tr><td>表达</td><td>语言表达是否清晰；能不能体现自己对问题的独特见解</td><td>4</td><td>3</td><td>2</td></tr>
</table>

小学学科融合／整合课程实施方案

在"整合"的课程理念指导下，基于学校课程改革实践，探索出有效的整合课程实施模式。

在学科整合的过程中，从各学科知识的内涵和外延的联系方面进行整合，综合采取了"学科内整合""学科间整合""跨学段整合""学科间教师合作教学"等丰富形式。

一、学科课程内的整合：以教科书为中心，分为单元内整合、学期内整合、学年内整合以及教科书内容拓展模式，将学科内的教学内容进行归类、比较、重新分组、横向整合，优化教学。尤其是语文学科，突破教科书的内容、篇章、顺序的设置限制，同时关注拓展延伸，引导学生在比较中思考、建构、欣赏、表达，通过比较归纳，强化规律与共性，凸显特色与个性。例如，将北师大版语文四年级下册中的两篇课文《手上的皮肤》和《太阳》组合成一组，阐述说明文的文体，归纳说明文的说明方法与作用，培养学生的阅读能力。

二、学科课程间的整合：以整合过程中学科间的关系为基点，分为学科并列整合模式和学科间辅助合作整合模式，以统一的问题、概念、基本学习内容连接不同学科，目的在于使学生在此过程中建立系统的思维方式，体验知识之间的联系。例如，将北师大版数学三年级下册《轴对称》与美术三年级上册《巧用对称形》中制作对称图形内容的整合，以生动的方式帮助学生认识轴对称，美术帮助数学学科突破了对称轴与完全重合的概念，这两部分知识基于共同的核心整合在一起，科学解释生活中的现象。数学对其规律进行归纳提升，美术为数学的学习架起了桥梁，这样的整合显得尤为有价值。

三、主题式课程整合：围绕特定主题的教学形式展开，采取循序渐进的方式展开教学，实现活动与学科教学之间的融合。分析各学科最基本的学科知识结构，找到不同学科知识点之间的连接点与整合点，将分散的课程知识按跨学科的问题逻辑结构化。这种课程整合方式强调对社会实践活动和社会问题解决能力的培养，强调多学科知识融合到真实的社会性项目中。在项目活动中寻找各学科知识的整合点，将跨学科的内容、高级思维能力发展与真实生活环境联系起来，实现跨学科知识融通。例如，学校电影教育课程将北师大版语文五年级上册"奇观"单元与语文六年级上册"战争"单元组合，围绕"和平"这一主题，通过观影、谈感受等多种学习和实践方式，丰富了学生的体验、训练了表达、提升了语文学科素养。

学科内整合课程案例：说明文的秘密

教学基本信息					
课　题	说明文的秘密——说明文综合学习课				
学　科	语文	整合内容	《手上的皮肤》《太阳》	年　级	四年级
教　材	出版单位：北京师范大学出版社		设计者	于浩翔	

1 设计思路

《全日制义务教育语文课程标准（2011年版）》中明确指出，第三学段的学生“阅读说明性文章，能抓住要点，了解文章的基本说明方法”。在小学阶段的语文学习中，每个学段的教材均有说明文性质的课文出现，北师大版的语文教材在四年级下册首次出现比较规范的说明文，需要带领学生进一步认识、了解说明文，为第三学段学习说明文打下坚实的基础。学生在初步认识说明文的基础上，以此三篇文章为抓手，进一步提升阅读说明文的能力。

之所以有整合学习的想法，是想在学生第一次学习说明文这一文体时就对说明文有整体的认识。语文核心素养中重要的一部分就是让学生在语文学习中提升“语言的积累与运用”，即“能积累较为丰富的语言材料和言语活动经验，能在已经积累的语言材料间建立有机的联系，能将自己获得的语言材料整合成为有结构的系统，能通过梳理和整合，将自己获得的言语活动经验逐渐转化为丰富有个性的具体的语文学习方法和策略，并能在语言实践中自觉地运用”。一次性系统学习有利于学生发现文体的语言表达方法和特点，有利于促进学生之后的学习以及对语言的积累和运用，为之后学生学习写作说明性的文字打下基础。

2 学情、教材分析

该阶段的学生对说明文还比较陌生，之前只接触过带有说明性段落的课文，比如三年级阅读过的《翠鸟》《不用文字的书和信》《小虾》《松鼠》等，但并不是规范的说明文。在四年级的上册中也只有一篇《飞向月球》与说明文最为接近，在学习过程中认识了说明文这一文体，初步了解了说明文的特征。在四年级下册中出现了《沙漠之舟》《手上的皮肤》

《太阳》三篇规范的说明文，是要带领学生进一步认识、了解说明文，为第三学段的学生“阅读说明性文章，能抓住要点，了解文章的基本说明方法”打下基础。学生在初步认识说明文的基础上，以此三篇文章为抓手，进一步提升阅读说明文的能力。

3 教学目标

1. 进一步认识说明文这种文体，理解说明文的作用是为了向读者介绍某种事物或现象的特点。初步了解说明文有一定的说明顺序。

2. 熟悉说明文中常见的说明方法（列数字、打比方、作比较、举例子等），并了解它们在文中的作用。

3. 初步掌握阅读说明文的基本方法，培养一定的阅读说明文的能力。

4 教学重难点

教学重点：初步掌握阅读说明文的基本方法，培养一定的阅读说明文的能力。

教学难点：熟悉说明文中常见的说明方法，了解它们在文中的作用。

5 教学过程与教学资源设计

教学环节	教师指导	学生活动	设计意图
一 出示课题，引发兴趣	板书“________的秘密”	浏览三篇文章，思考：三篇文章的相	激发兴趣，导入新课，引导学生发现说明文的主要作用。
	补全板书“说明文的秘密”，总结归纳说明文的一般作用。	发现说明文的一般作用：为了向读者介绍某种事物或现象及其特点。	
二 阅读《手上的皮肤》，初识说明文特点	给出空白表格，以问答形式引导学生填出表头。 提问： 关于说明文你都知道哪些知识？读完三篇文章后，你认为说明文都应该具备哪些要素？	预设： （1）列出数据。（相机引出“说明方法”） （2）要介绍的东西。（相机引出“说明对象”，紧接着提问：说明文介绍了说明对象的什么？） （3）说明对象的特点、作用。	让学生自主发现说明文中包含的要素，即：说明对象，说明方法，说明对象的特点、作用。
	填写到说明方法时，带领学生学习“列数字”之外的新的说明方法	列数字、打比方、作比较、举例子	使学生了解说明文中常用的说明方法。

续 表

教学环节	教师指导	学生活动	设计意图
三 自读《太阳》，理解“说明有序”	教师提问：同学们，你们在填表格时有没有什么问题？说明方法的作用是什么？ 我们一起来找一找有没有哪些语句让说明对象的特点被说得更清楚？	（1）列数字：“每天约长0.1毫米”；“身体其他部位的皮肤大约厚0.4毫米，而手掌和手指上的皮肤是其他部位的5倍”。 作用：准确具体地说明 （2） 打比方：“整只手就像一块僵硬的钢板”；“指纹有如自行车外带上的花纹”。 作用：形象具体地说明。 （3） 举例子：“小提琴手的指尖生茧，裁缝操刀的手拇指生茧，体操运动员指根处生茧……”；“按手指印可以代替盖印章；公安人员经常用在犯罪现场取指纹的办法抓坏人”。 作用：真实具体地说明。 （4）作比较：“身体其他部位的皮肤大约厚0.4毫米，而手掌和手指上的皮肤是其他部位的5倍”。 作用：突出具体地说明。 （5）分类别：指纹有斗形、箕形、弓形等。（不作为重点，简单介绍）	通过文章中的典型语句使学生了解说明方法的作用，对说明方法的用处有初步的印象。
	给学生空白的表格，大部分学生会模仿《手上的皮肤》制表填写，由此引发出无法完整填出表格的问题 根据学生汇报相机提问，引导学生将表格填完	将课文分为“太阳的特点”及“太阳与人类的关系”两部分。 说一说为了说清太阳“远”“大”“热”的特点，作者运用了哪些方法。	通过对比阅读，使学生发现说明文之间的不同，从而使学生掌握用不同的方法阅读不同的说明文，并且发现说明文的写作也是有一定顺序的，这样才能更好地说清说明对象的特点。 进一步体会说明方法的好处。
四 理清顺序，揭示主旨，总结方法	所有的说明文写作，最终都是揭示被说明对象与人类之间的关系，行文的顺序都是为了更好地揭示这一主旨。		进一步体会说明文的写作意图，让学生感受到说明文与自身生活的息息相关，激发阅读兴趣。

附：课上所用表格

手上的皮肤				

太阳	

6 教学反思

在日常教学中进行内容整合，这已经不是我的第一次尝试了。我曾将四年级上册同一单元内的《井底之蛙》和《“扫一室”与“扫天下”》两篇课文进行整合，让学生将单元主题“大与小”的哲学思想理解得更为透彻。在语文四年级下册中，将《春潮》和《三月桃花水》进行整合，让学生感受到春水在不同时间段的变化及描写方法；还将《草帽计》和《包公审驴》整合，让学生充分体会以文中某一事物为线索理解文章的方法。这一次，我有了更新的尝试，将一类文体整合学习，让学生充分理解说明文阅读的方法。

该阶段的学生对于说明文还比较陌生，之前只接触过带有说明性段落的课文，在语文四年级下册中出现了《沙漠之舟》《手上的皮肤》《太阳》三篇规范的说明文，是要带领学生进一步认识、了解说明文，为第三学段的学生“阅读说明性文章，能抓住要点，了解文章的基本说明方法”打下基础。学生在初步认识说明文的基础上，以此三篇文章为抓手，进一步提升阅读说明文的能力。

本节课中我以填表格为基本方法，先带领学生学习《手上的皮肤》这一篇典型说明文，掌握说明文的基本要素，并重点学习列数字、打比方、作比较、举例子等在小学阶段应掌握的说明方法，再引导学生自读《太阳》，梳理说明文的写作顺序，最后以《沙漠之舟》作为练习，检验学生本节课是否掌握所学的知识。

在语文学科中，有目的地进行内容整合，能够提高课堂时效，解决任务重与课时少的矛盾。本节课我比较准确地找到了三篇课文的整合点，思路清晰，能让学生把新学到的知识马上应用到其他文章中，很好地将新知识进行了巩固。需要改进的是对学生学习时间的把控，对于四年级的学生来说，说明文知识比较难，需要老师进一步加强学生在课前的预习，提高整合课的课堂实效性。

学科间整合课程案例：轴对称图形

<table>
<tr><th colspan="7">教学基本信息</th></tr>
<tr><td>课　题</td><td colspan="6">轴对称图形</td></tr>
<tr><td>学　科</td><td>数学</td><td>融合学科</td><td>美术</td><td>年　级</td><td colspan="2">三年级</td></tr>
<tr><td>教　材</td><td colspan="3">出版单位：北京师范大学出版社</td><td>设计者</td><td colspan="2">余芹</td></tr>
</table>

1 设计思路

轴对称图形是一种常见的平面图形，在日常生活中有着广泛的应用。《全日制义务教育数学课程标准（2011年版）》指出，在“图形与几何”的学习中，应帮助学生建立空间观念。强调发挥学生的主观能动性，激发学生的学习兴趣，让学生在动手猜测、操作、验证中自己寻找解决问题的方法。课程内容要贴近学生的生活，有利于学生思考与探索。本节课通过丰富生动的生活素材，把数学和美术融合，启发学生思考，引导学生自主探索，鼓励学生合作交流，使学生真正理解和掌握轴对称图形的特点。通过观察、思考和动手操作活动，学生发展了空间观念，提高了审美能力和动手操作能力，获得了广泛的数学活动经验。

2 学情分析

在自然界和日常生活中具有对称性质的事物很多，学生对对称现象并不陌生。轴对称在生活中有很多实例，学生接触过很多。在一、二年级，学生已经学习了一些简单的平面几何图形的特征，初步形成了空间观念，积累了一些活动经验。本节课主要是帮助学生在原有感性认知的基础上建立轴对称图形和对称轴这两个概念，为学生今后进一步学习几何图形的有关知识打下基础。所以本节课的学习应该充分利用学生已有的生活经验，利用美术课上的剪纸，在活动中学习，通过动手操作感知并了解轴对称图形的基本特征，并在学习过程中引导学生发现和创造生活中的美。

3 教学目标

1. 初步认识轴对称图形，理解轴对称图形的含义，能找出图形的对称轴，并能用自己的方法创造出轴对称图形。

2. 通过观察、思考和动手操作，培养探索与实践能力，发展空间观念、提高审美能力和动手操作能力。

3. 领略自然世界的美妙与对称世界的神奇，激发数学审美情趣，体会数学与艺术、生活之间的紧密联系。

4 教学重难点

体会轴对称图形的特征，能画出简单的轴对称图形。

5 教学过程与教学资源设计

教学环节	教师指导	学生活动	设计意图
一 情境导入	出示大队部海报。 学校纪录挑战赛将于 4 ~ 6 月举行，大队部决定在全校征集学校纪录挑战赛徽标，有意者请于 3 月 31 日前将作品交到大队部。希望同学们积极参与。 你在哪儿见过“徽标”？你认为设计徽标要用到哪些知识？ 除了美术知识，还需要用到数学知识，这节课我们就来学习这些知识，对我们设计徽标会有很大帮助。	学生说说自己在哪儿见过徽标，设计徽标需要哪些美术知识。	通过学校即将举行的学校纪录挑战赛，激发学生对徽标设计的兴趣。

续 表

教学环节	教师指导	学生活动	设计意图
二 欣赏剪纸，认识轴对称图形的特点	引导学生观察图形，交流汇报 谁来展示一下自己的剪纸作品？ 小组交流：这些图形有什么共同特点呢？	学生展示自己的剪纸作品 学生 4 人小组交流讨论、汇报小组交流讨论的结果。	借助美术课上学生自己剪出的美丽剪纸，通过丰富生动的生活素材，引导学生在观察实例的过程中，初步感受轴对称图形的特点。
	教学“轴对称”：沿着中间这条线对折，两部分会完全重合，这个图形就叫轴对称图形。 板书：对折 完全重合 总结：像这样沿着一条直线对折后两边完全重合的图形就叫轴对称图形。折痕所在的直线叫作对称轴。 板书：教师把黑板上的剪纸用虚线画出一条对称轴。	学生对折观察自己手中的剪纸,体会轴对称图形的特点。	学生对折自己手中的纸，确认前面观察得到的结论，让学生体会轴对称图形的基本特点是对折后图形两边能完全重合，中间的折痕把图形分成一样的两部分。
	拿出天安门城楼、雪花图片，判断一下它们是不是轴对称图形。 看看雪花图形的折痕,你发现了什么？	两人小组讨论，合作完成，小组汇报判断它们是不是轴对称图形，并说明原因。 学生发现，有些图形的对称轴不止一条。	
三 判断轴对称图形，找出对称轴	折一折，画一画，填一填： 课件出示：长方形、正方形、圆形、平行四边形。先猜测一下，哪些图形是轴对称图形，哪些图形不是。 小组合作：折一折，验证你们的猜测。是轴对称图形的，找一找它们有几条对称轴，在表格式上用虚线画出来。	学生猜测 4 人小组折一折验证，填表格。 小组汇报，投影展示，明确圆形有无数条对称轴，平行四边形不是轴对称图形。	
	找一找下列哪些数字、汉字、字母是轴对称图形（教材第 24 页第 3 题）	2 人小组先讨论，再汇报结果，并说明理由。	通过实际折一折，验证图形是否为轴对称图形，帮助学生进一步理解轴对称图形的本质。
	生活中你还见过哪些轴对称图形？	学生展示生活中的一些轴对称图形，欣赏生活、艺术、自然、建筑、剪纸等领域的对称之美。	体会轴对称图形的对称之美。
	介绍：轴对称图形有对称美，中国的建筑讲究对称美。桥梁设计成轴对称不仅美而且可以受力均匀，更加结实稳固，飞机设计成轴对称可以保持平衡。		

续 表

教学环节	教师指导	学生活动	设计意图
四 实际操作，剪出轴对称图形，加深认识	下面是轴对称图形的一半，想一想整个图形是什么，你能剪出整个图形吗？	学生动手剪花瓶、衣服等图形汇报展示是怎么剪的。	给出对称轴和一半图形，能够描述全部图形，结合想象和操作，进一步提高学生的空间观念。
	将一张纸对折后剪去两个圆，展开后是什么图形？	先猜一猜，再与同伴交流自己的想法。 全班交流。 动手操作验证自己的猜测。 用自己的话总结轴对称图形的特点：对称点到对称轴的距离相等。	
	画轴对称图形 投影出示题目，你能画出下面图形的轴对称图形吗？说说你是怎么想的。	先画出第一个，学生说说怎么画的，再画其余两个。	
五 利用轴对称知识设计学校纪录挑战赛徽标	出示大队部海报 欣赏一些徽标 你觉得这些徽标设计都有什么共同特点呢？	突出活动的主题、有寓意、运用轴对称图形。	美术和数学融合，用数学知识去指导绘画，用美术知识美化画出的图形，体现数学之美和美术之美，既感性又理性。美术和数学结合，感性和理性结合，设计出美丽又有内涵的学校纪录挑战赛徽标。
	在方格纸上设计学校纪录挑战赛的徽标，要求： （1）体现学校纪录挑战赛的主题 （2）最好体现学校的特点或者有寓意 （3）可以全部或部分是轴对称图形	学生设计徽标，美术老师指导。	

6 教学评价与反思

根据教学内容和学生的特点，本节课的学习充分利用了学生已有的生活经验，通过美术课上的剪纸，把数学和美术结合，让学生在活动中学习。以小组合作学习为主要方式，选择学生感兴趣的具体物体，通过动手操作，让学生自己发现问题、提出问题、通过小组讨论来解决问题，体验探索成功的快乐。通过有步骤的练习，提高学生解决问题的能力，巩固所学知识。在教学过程中指导学生观察、思考、操作并引导概括，获取新知。让学生带着思考走出课堂，在生活中继续体验数学的乐趣。

跨学段整合课程案例：和平

教学基本信息				
学　科	语文	融合学科	电影	
年　级	五、六年级	主　题	和平	
教　材	出版单位：北京师范大学出版社		设计者	解洁、翟丰

1 设计思路

《全日制义务教育语文课程标准（2011年版）》指出："语文课程应致力于学生语文素养的形成与发展。语文素养是学生学好其他课程的基础，也是学生全面发展和终身发展的基础。"而"语文素养"指的是"中小学生具有比较稳定的、最基本的、适应时代发展要求的听说读写能力以及在语文方面表现出来的文学、文章等学识修养和文风、情趣等人格修养"。因此，根据五、六年级的教学内容及教学目标，我们设计了各年级段与"和平"有关的教学内容及实施策略。

五年级：通过学习"奇观"这一主题单元下的课文，感受雅鲁藏布大峡谷的险峻、神奇和秀美，感受浙江钱塘江大潮的雄伟与壮观，感受海南红树林的顽强与神奇。然后引导学生感悟"我们的祖国地大物博，在这广博的大地上还有无数的美景、奇观。同学们的家乡遍布祖国各地，希望大家把家乡的美展示出来"。通过教科书教学、课外拓展与实践，同学们开阔了眼界，从了解自己家乡的一个"点"，拓展到认识祖国的一个"面"，从而热爱大自然，热爱家乡，增强对祖国山河的热爱之情。最后引导学生认识到只有祖国安定，世界和平，我们的祖国才能永葆秀丽之色。

六年级：通过学习"战争"这一主题单元，指导学生利用网络、媒体等方式收集资料，制作PPT，了解并介绍抗日战争的始末。从1931年9月18日日军制造"九一八事变"，发动侵华战争，中国人民局部抗日战争开始，到1945年8月15日抗日战争结束，历经14年。在这14年里，中华民族为保卫祖国、驱逐日本帝国主义努力奋斗，体现了中华儿女坚强不屈的精神，激发了学生的爱国热情。在理解教科书内容的基础上，指导学生观看相关的影视作品，并写出观后感。再通过制作有关抗日战争的小报，学唱抗日歌曲，朗诵歌颂抗战的诗歌，进一步激发学生的爱国情感，把此次学习推向高潮。同时也培养了学生搜集资料的能力，扩充了学生的课外知识。

2 学情分析

五、六年级的学生已掌握了一定的自学生字及阅读课文的学习能力，学生能独立查字典了解阅读中出现的新生字的音形义，并通顺流利地朗读课文。他们能通过网络媒体和书籍摄取所需的知识，但也缺少筛选知识的能力。课前教师对学生进行了调查，在接受调查的五年级学生里，100%都没有见过雅鲁藏布大峡谷和海南的红树林，4%的学生听说过，15%的学生在电视或媒体中见过有关的图片和影像，没有进行过深入的了解。学生喜欢这些奇特的景色，但没有深刻的了解，更感受不到它们的险峻和秀美，缺少对祖国奇观的热爱之情。在接受调查的六年级学生里，100%知道抗日战争，7%的学生了解抗日战争是从“九一八事变”开始的，到1945年结束，历时14年。学生从影视作品、网络媒体及课外书籍中初步认识一些抗日将领，如左权、张自忠等，也知道一些抗日英雄，如杨靖宇、赵登禹等，但是对抗日战争中的历史事件了解甚少，人物了解也不深刻。抗日战争已经离孩子们的现实生活太遥远，现在的孩子不太了解抗日战争中中国人民所经受的苦难，更不能体会那些为了民族解放事业抛头颅洒热血的英雄人物所具有的高贵品格。如此一来，“爱国主义”就成了一句口号。热爱祖国就要从小做起，从小打下坚实的基础，长大后才能报效祖国，实现热爱祖国的美好愿望。

3 教学目标

1. 学生利用网络、媒体等，搜集家乡的美景图片并了解抗日战争的始末，制作PPT，介绍给大家，激发学生热爱家乡、热爱祖国的情感。

2. 根据查阅的资料，制作有关赞美祖国大好河山和介绍抗日战争的手抄报，通过实践活动，不断地加深对祖国和对抗日战争的了解。

3. 观看祖国壮丽山河的纪录片和抗日战争题材的电影片段，激发学生的爱国热情。

4. 结合生活实际写观后感或观影卡，集体交流，让同学们铭记历史、缅怀先烈、珍爱和平、开创未来。

5. 朗诵抗日战争和赞美祖国大好河山题材的诗歌，学唱有关的歌曲，用艺术表达自己的爱国情感。

4 教学重难点

指导学生对收集的各种资料进行整理筛选，制作PPT，介绍给全班同学。

观看祖国壮丽山河的纪录片和抗日战争题材的电影片段，结合生活实际写观后感和观影卡，集体交流。

朗诵有关抗日战争题材和赞美祖国大好河山的诗歌，学唱有关的歌曲。

5 教学过程

教学环节	教师指导	学生活动	设计意图
一 搜集资料，制作 PPT	指导学生学习筛选资料的方法（学会取舍），分组按不同内容制作 PPT（图文结合，文字清晰简洁，重点突出）。	五年级：查阅家乡美景、名胜、奇观的图片，并插入文字介绍，然后打印，也可以 PPT 的形式展现。 六年级：利用网络、媒体等收集有关抗日战争始末、抗日战争中的重大历史事件、抗日英雄的资料，制作 PPT。	1. 引导学生了解家乡的奇特景色，感受家乡之美，激发学生对家乡的热爱之情。 2. 了解抗日战争的始末、抗日战争中的重大历史事件以及抗日英雄，体会中华民族为保卫祖国驱赶日本帝国主义努力奋斗的精神，体会中华儿女坚强不屈的精神，激发学生的爱国热情。 3. 培养学生搜集和整理资料的能力。
二 展示 PPT 资料，制作手抄报	指导学生制作手抄报（版面设计、色彩搭配、内容选择等），组织学生进行 PPT 展示，资料交流，资源共享。	五年级：根据查阅的图片资料和制作的PPT，向同学们介绍、展示家乡的美丽景色，制作“我爱家乡，我更爱祖国”主题的手抄报。 六年级：分组向全班介绍不同内容的 PPT，并制作以抗日战争为内容的手抄报。	1. 展示家乡的美丽景色，体会“我为家乡而自豪”的情感，激发学生对祖国大好河山的热爱之情。 2. 在学生对抗日战争有了全面了解的基础上，让学生把日本侵华的重大事件、抗日战争中的重大战役、抗日战争中的英雄人物等内容，做成手抄报。学生在实践活动中，不断地加深对抗日战争的了解。 3. 在资料交流的过程中，训练学生的表达能力。
三 观看影视作品，完成观影卡	组织学生观看影视作品，指导学生完成观影卡的填写。	五年级：观看记录祖国山河美景、奇观的视频及纪录片，充分领略和感受祖国山山水水的壮美，完成观影卡。 六年级：观看抗日战争题材的影片（《狼牙山五壮士》《地道战》《地雷战》《铁道游击队》等）片段，完成观影卡。	1. 直观感受祖国的山山水水的雄伟壮丽，激发学生“我为我是中国人而骄傲”的自豪感。 2. 通过观看影片，让学生从认知到感知，更加深入地了解反法西斯战争和抗日战争的背景和历史，了解中国人民在中国共产党的领导下，追求解放、追求和平、追求独立的沧桑历程。

续 表

教学环节	教师指导	学生活动	设计意图
四 写观后感	指导学生学习写观后感的写作方法。（先简单描述影片的主要内容，再结合生活实际，围绕影片中印象最深的部分谈自己的感受）	学生在教师的指导下完成观后感。	1. 观看记录祖国壮丽山河的纪录片，增强爱国情怀，引导学生珍爱世界和平。 2. 观看抗日战争影片，结合生活实际，写出自己的真实感受，意在让学生铭记历史、缅怀先烈、珍爱和平、开创未来，激励学生要用实际行动热爱我们的祖国，做拥有家国情怀、完整人格的少年。
五 交流观后感，学唱抗日歌曲，朗诵抗日诗歌	组织学生进行观后感的交流，带领学生学唱抗日歌曲《铁道游击队》，指导学生朗诵赞美抗日英雄的诗歌。	五年级：全班交流观后感，总结实践活动中的收获。 六年级：朗诵赞美抗日战争的诗歌和学唱抗日歌曲。	1. 引导学生从热爱大自然、热爱家乡，到热爱祖国的壮丽山河，增强学生的爱国热情，进一步体会到只有祖国安定，世界和平，我们的祖国才能永葆秀丽之色。 2. 引导学生了解抗日战争爆发后，一首首抗日救亡的歌曲唱遍大江南北、长城内外，使无数中华儿女热血沸腾、拔剑而起，奔赴抗战前方。今天孩子们用诗朗诵和歌声，表达自己的爱国主义情怀，把此次实践活动推向高潮。

6 教学评价与反思

学科综合实践活动，就是在学科教学中，根据新课程标准精神，依据教材内容，有计划、有步骤地组织的各种实践活动，使学生在实践活动中学习知识、掌握知识、运用知识，从而培养学生的创新意识和实践能力，发展学生的综合素质。根据本次学科实践活动主题——“和平”，我们五、六年级教研组设计多种教学形式，引导学生从实践活动中体会“我是中国人，我有一颗中国心，我热爱我的祖国，我珍爱世界和平”的情感。课文内容的学习，使学生比较牢固地掌握文本中的语文基础知识；课外资料的搜集整理和 PPT 的制作，开阔了学生的视野，积累了课外的知识，培养了学生的学习能力；资料的交流和手抄报的制作，既训练了学生的表达能力，也培养了学生的实际操作能力；观后感和观影卡的写作，把语文的写作能力和人文素养结合在一起，在培养学习能力的同时，提高学生的人文素养；观后感的交流和抗日歌曲、抗日诗歌的唱诵，是这次学科实践活动的主题升华，增强学生的爱国热情，使学生进一步体会到只有祖国安定，世界和平，我们的祖国才能永葆秀丽之色，把爱国主义教育推向高潮。教学活动设计环环紧扣，步步深入，从认知到感知，从易到难，学生学起来兴趣高涨。活动中，有些学生能力较弱，在小组同学的帮助下，有了一定的进步，但学习能力和知识水平还有待提高。今后还要多组织小组学习，用这种方式帮助能力弱的学生进步。在教学活动的设计上，还要更多样化，选择更多学生喜欢的学习方式，把培养学生的语文核心素养落到实处。

学科间教师合作教学课程案例：情景表达——春天的故事

教学基本信息					
课　　题	春天的故事				
学　　科	语文	融合学科	美术（手工制作）	年　　级	一年级
教　　材	出版单位：北京师范大学出版社		设计者	侯金环	

1 设计思路

口语交际是人们交流思想、传播信息、表达感情的重要工具，是现代公民的必备能力，培养、提高学生的口语交际能力是小学语文教学的重要任务。叶圣陶先生曾经说过：“儿童时期如果不进行说话的训练，真是遗弃了一个最宝贵的钥匙，终生不会有完整的思想和浓厚的感情。”“言语的发源地是具体的情境，在一定的情境中产生语言的动机，提供语言的材料，从而促进语言的发展。”本课程方案以语文一年级上册口语交际为素材，结合学生们喜爱的手工彩泥课创设生动有趣、符合学生特点的情境。本次活动一方面鼓励大胆想象，激发学生讲故事的热情，另一方面培养学生认真倾听的习惯，听别人说话能抓住重点；同时培养学生的动手能力和色彩搭配的审美能力。

2 学情分析

低年段学生生活经验少，认知能力有限，词汇贫乏，因此有的学生怕讲话，不敢在公众场合说话；有的对话题不感兴趣，缺乏说话的动机；有的话语内容空洞，问什么，答什么。针对这些情况，教师在教学中应采取多种措施，想方设法激发学生说话的兴趣，提高学生的语言表达能力。

3 教学目标（含重难点）

1. 能够将话表达清楚、完整，乐于表达，有表达的欲望。

2. 乐于倾听，别人说话不打断，根据听到的话作出适当的回应。

3. 合理想象，愿意与人合作。

4. 能根据需要捏制彩泥。喜欢手工，合理搭配色彩。

5. 教学重难点：能表达清楚、完整，并根据需要捏彩泥。

4 教学所需材料

彩泥、水彩笔、任务单

5 教学过程与教学资源设计

教学环节	教师指导	学生活动	设计意图
一 导入	同学们，今天我们邀请了爸爸、妈妈，欢迎他们的到来。来，先听一首歌。 歌曲是关于什么季节的？ 现在就是春天，在你眼中春天是什么样的？ 你发现春天都有什么？大家说得真完整。 同学们看，这些是侯老师找到的春天的图片。一起来欣赏春天吧。	学生欢迎爸爸、妈妈； 学生听歌曲； 猜想； 学生说自己眼中的春天； 学生欣赏春天图片。	通过听、猜、说及看，激发学生表达的兴趣。
二 手工实践	手工教师程老师带领大家回忆手工课上学习过的彩泥制作基本手法：拉、揉、捏、搓等。咱们今天用彩泥来表现春天的美景吧。	学生小组合作，先说说自己小组想表现春天的什么景象。 在组长的带领下开始分发彩泥，合作捏制。	回忆手法，有法可依，学生自主合作积极性高。

续 表

教学环节	教师指导	学生活动	设计意图
三 引入故事	呀，大家把春天装饰得这么漂亮，把小兔子都吸引来了。（贴图片） 小兔子开心地散着步，一头小鹿急急忙忙向它跑来。小兔问小鹿：“那么急，你干什么去呀？” 同学们，猜一猜，小鹿为什么这么着急。 生活中，你遇到过哪些着急的事儿？ 大家的想象力真丰富，想法真多，想法也很独特。大家心中想着这件急事儿，一直把这个心中的故事讲下去，讲完整，这就是续讲故事。 现在大家桌上有动物卡片，请你把它放在合适的位置，一边摆，一边把故事讲完整。	学生猜； 学生摆图片； 讲故事。	引入故事开头，通过猜故事的形式，给学生想象的空间和口语表达的机会。
四 讲故事	谁能把故事讲给大家听？ 听了一件什么事？ 讲得清楚很重要。 大家有什么疑问，可以问一问。 如果你把故事开头和结尾都讲清楚了，我们说故事讲完整了，这样才能说这个故事讲得好。	学生讲故事； 听的同学说一说自己听了什么故事； 听的同学提问。	在听与讲的过程中，将故事层层深入，让自己讲的故事接近完整并尽量有趣。
	同桌之间讲故事 谁能把故事讲给同桌听？ 听一听，他的故事讲完了吗？ 对于这个故事，你有什么好办法，让这个故事更吸引人？ 加上个动作，你同意吗？ 他们是怎样跑的？ 猜想一下，都有谁来了？ 为什么请大熊来？ 故事加上有趣的东西，我才说这个故事讲得好。	学生讲故事； 听的同学给出建议。	

续 表

教学环节	教师指导	学生活动	设计意图
	交换同伴讲故事 请把故事讲给大家听。 故事讲得完整，夸夸他。 还有什么好办法将这个故事讲得吸引人呢? 想象要合情合理，食物要符合动物的习性，玩的场所要合理。 加上动作、表情就更好了 再请一位同学讲给大家听 这个故事哪里讲得好? 用上了生动的词和句，这样故事更吸引人。		
五 第二次手工实践	同学们讲的故事中出现了很多精彩的片段，我们也可以把它们表现在春天的画面上 手工老师带领大家完成捏彩泥。	学生捏彩泥，完成故事中的角色或者景色的创作，各组展示作品。	将自己的故事用手指和彩泥表现出来。
六 总结	同学们，这节课我们学习了彩泥的制作，知道了怎样进行颜色搭配，学会了彩泥制作的各种塑型手法。同学们还学习了讲故事，想要故事讲得好就要讲清楚，讲完整，还要加上有趣的情节。		总结提升，巩固所学。

6 教学评价与反思

本节课两位教师根据学生年龄小、想象力丰富的特点，选取了学生特别感兴趣的捏彩泥和吸引他们的小动物故事来组织教学。课前充分预设，为了更好地发挥小组合作的优势，教师根据学生在语文课和手工课方面的表现将学生合理分组。课中教师充分调动同学们的积极性，激发学生表达和创作的积极性，及时给予学生肯定和帮助，让每个学生都能在本节课的学习中有所发展与提升。

小学“博物馆课程”实践活动方案

学校“全学科实践周”顺利开展后，随着研学旅行的提出及教育部《中小学综合实践活动课程指导纲要》的出台，我们根据我校学生及家庭的实际情况，将研学旅行的内容与学科实践活动紧密结合，落实和建构海淀区前进小学的课程体系，将学生研学旅行的目的地定在北京市各大博物馆。带领教师整合学科知识，研究开发博物馆课程，将北京各大博物馆作为孩子们学习知识和解决问题的场所，孩子们开始带着任务走进博物馆了。教师们开发了涵盖一到六年级、涉及所有学科的、符合学生年龄特征、具有层级发展目标的博物馆课程。

博物馆课程的特点是主题探究、学科融合，通过体系化的设计，服务学生综合素养的发展。从一年级到六年级，每一个博物馆都有具体的活动目的和主题设计，更多关注学生的学习体验、动手实践及创新意识的培养，在探究学习过程中，扩大了学生的视野，提升了学生的综合素养。

前进小学 2017 年春季学期博物馆课程

年　级	博物馆	课程主题	涉及学科
一年级	国家动物博物馆	有趣的动物王国	语文、数学、科学、艺术、音乐、美术、体育
二年级	北京奥运博物馆	探秘体育世界	语文、数学、英语、音乐、体育
三年级	国家动物博物馆	奇妙的昆虫世界	语文、数学、英语、美术
四年级	中国铁道博物馆	探寻铁道王国的秘密	语文、数学、科学、美术、电影
五年级	故宫博物院	凤阙龙阁势恢宏 天下皇家第一宫	语文、数学、英语、科学、美术、书法、信息技术
六年级	中国长城博物馆	寻访古代遗迹 感悟历史文化	语文、数学、英语、科学、书法、体育

前进小学2017年秋季学期博物馆课程

年级	博物馆	课程主题	涉及学科
一年级	国家动物博物馆	探秘动物王国	语文、数学、英语、美术、音乐、体育
二年级	国家典籍博物馆	小书郎 赏典籍 品国粹	语文、数学、英语、美术、阅读
三年级	国家动物博物馆	羽翼王国大搜索	语文、数学、英语、美术、音乐、书法、体育
四年级	中国钱币博物馆	源远流长势辉煌 金银铜铁展华章	语文、数学、英语、美术、科学、电影、体育
五年级	北京戏曲博物馆	京韵之味 戏曲之美	语文、数学、音乐、美术、艺术
六年级	北京奥运博物馆	重温奥运梦 讴歌体育魂	语文、数学、信息技术、体育

一年级

国家动物博物馆课程

课程主题： 探秘动物王国

授课地点： 教学楼一层 一年级 2 班教室

授课教师： 侯金环

一年级博物馆课程汇报

课程简介： 一年级小学生刚刚入学，识字少，写字慢。但他们喜欢小动物，喜欢立体的、形象的、具体的事物。一年级语文教科书中有很多关于小动物的诗歌：《说话》《比尾巴》《青蛙写诗》，这些诗歌琅琅上口、充满童趣，学生特别喜欢。但是由于缺乏生活经验，学生在学科知识的学习和理解，以及想象能力的发展方面都受到了很大程度的限制。国家动物博物馆中大量的动物标本展品，为学生提供了与动物相关的丰富知识，可以成为学生积累生活经验的平台。

本次课程融合了语文、数学、英语、美术、音乐以及体育学科，老师们根据各自学科的特点及要求制定方案。本课程可以提高学生的观察能力和想象能力，丰富学生有关动物的知识，积累生活经验，促进对各学科知识的学习和理解。另外，本课程还能提升学生认真倾听别人说话、能抓住别人说话要点的能力，培养学生乐于表达、善于模仿的能力。

课程汇报环节的活动流程：

❶ 导入

观看 PPT，回顾走进国家动物博物馆中的收获。

❷ 闯关游戏

第一关：唱关于动物的歌曲。

学生分五个小组，分别唱五首关于动物的歌曲。

第二关：猜动物。

出示动物关键身体部位，学生进行猜测，并用英语来说一说 What's this? It's...

第三关：猜动物。

学生描述动物，其他学生根据描述进行猜测。

❸ 总结

学生观看视频，师生共同总结：我们要保护动物。

二年级

国家典籍博物馆课程

课程主题： 小书郎 赏典籍 品国粹

授课地点： 图书馆

授课教师： 党建萍

二年级博物馆课程汇报

课程简介： 北师大版语文二年级上册第八单元《书的世界》是一个开放单元，具有承前启后的作用。在一年级上册，教科书就安排了培养学生每天阅读的习惯、认识书的目录等学习内容，意在激发学生阅读兴趣，学习阅读方法，培养阅读习惯。此次博物馆课程融合了数学的购物、英语的讲绘本故事、阅读之图书的分类等三个部分，课程设计了十个教学活动来充实教科书内容并进行知识的延伸。

在国家典籍博物馆中，同学们通过听讲解、看展品、在少年阅读天地读书等活动，初步认识我国的经典名著和文化名人，了解中华传统文化的发展历史，接受传统文化的熏陶，形成阅读期待。活动后，学生们又发挥自己的想象，创编自己的绘本故事；把搜集来的有关读书的名言警句，抄写在自己动手制作的小书签上。这一环节使学生乐在其中，铭记于心，并在日后的学习中付诸行动。

博物馆课程的学习培养了学生的想象力、口头表达能力和逻辑思维能力，激发了学生的创作热情，让学生懂得书是人类的朋友，书能给我们无穷的知识。我们不仅要爱读书，也要爱护图书。

课程汇报环节的活动流程：

准备活动：给我们的图书分分类

1. 表演我们自己的课本剧《甲骨文的发现》。
2. 介绍不同时期的名著。
3. 讲述我们的绘本故事。
4. 我的读书名言。

三年级

国家动物博物馆课程

课程主题： 羽翼王国大搜索

授课地点： 教学楼二层 美术教室

授课教师： 金泊文

课程简介： 鸟的王国丰富多彩，为了让学生更形象、真实地感知，我们结合北师大版语文三年级上册《鸟儿》这一主题单元的三篇课文《翠鸟》《一只小鸟》《惊弓之鸟》，融合了语文、数学、英语、音乐、体育、美术和书法七个学科，围绕鸟类这一主题，开展了本次走进国家动物博物馆的实践课程。

我们带领学生在语文课上学习课文，在国家动物博物馆中通过听讲解、看展品、观察记录等活动，学生广泛搜集馆内大量的鸟类信息。活动后，让学生继续查阅鸟的相关资料，对鸟的外形、习性等方面进行详细了解，逐步深入走进鸟的世界，完成以“鸟”为题材的习作。在学习的过程中，学生不仅学会了用不同的语言描述鸟的外形，培养语言表达能力，还能通过丰富的色彩、悦耳的音乐及多姿的体态感受并展示鸟的形态美，提升审美能力，激发学生爱鸟护鸟的情感。

课程汇报环节的活动流程：

1. 引入，揭示主题：羽翼王国大搜索。
2. 中英文语言描述，感受鸟的形态美。
3. 小组活动，分类整理鸟的信息。
4. 利用雁阵与队列的联系，感受团结与纪律的重要性。
5. 了解鸟的生活现状，激发学生爱鸟护鸟的情感。
6. 教师总结，激励学生继续深入学习博物馆课程。

三年级博物馆课程汇报

三年级博物馆课程汇报

四年级

中国钱币博物馆课程

课程主题：源远流长势辉煌 金银铜铁展华章

授课地点：教学楼一层 机器人教室

授课教师：何红英

课程简介：围绕北师大版小学语文四年级上册第十单元《金钱》，融合语文、数学、英语、体育、美术、科学、电影七个学科，制定了活动方案。通过课内外相结合的形式，帮助学生从不同学科的角度了解金钱包含的文化内涵，懂得要以诚实的劳动换取金钱，理解金钱中所包含的劳动价值和艺术价值。

在活动前，学生观看了电影纪录片《货币》，学习了有关钱币的系列课文，规划了去中国钱币博物馆的行车路线，为博物馆课程的实施做好充分的准备工作。在活动中，同学们以小组为单位，在各科老师的带领下进行参观学习，跨越源远流长的历史长河，在实践中感受钱币的艺术魅力。课堂与博物馆实践活动相对接，有益于学生了解更多的金钱知识，锻炼搜集信息、整理信息的能力。活动后，学生根据自己的观察，创作了“钱币，我想对你说”主题的想象作文，表达了对钱币的喜爱和赞美之情。

整个博物馆课程的学习，培养了学生观察、比较、表达、写作、分析、审美、规划、创作、合作等综合能力，激发了学生的民族自豪感和爱国之情。

课程汇报环节的活动流程：

❶ 用视频的形式再现前期活动和学生到达博物馆之前的情景，最后定格到中国钱币博物馆。

❷ 两个学生扮演博物馆讲解员，分别用中文和英文讲解。

❸ 老师带领学生回顾参观过程。

❹ 各小组对具有代表性钱币的探究进行汇报，鼓励学生按年代梳理出钱币出现的顺序。

❺ 语文口头作文：想象未来的钱币。

参观中国钱币博物馆

四年级博物馆课程汇报

五年级

北京戏曲博物馆课程

课程主题： 京韵之味 戏曲之美

授课地点： 教学楼四层西厅

授课教师： 余芹

课程简介： 中国的戏曲文化博大精深，具有独特的魅力。京剧是中国著名的剧种，被称为“国粹”。为了让小学生感受到“京剧之韵，戏曲之美”，并把这一优秀的传统文化传承下去，我们结合语文五年级上册第四单元《唱脸谱》一课，语文、美术、音乐、艺术、数学各科教师共同研究设计了“京韵之味，戏曲之美”这一博物馆课程。

为激发学生探究京剧文化的热情，我们邀请戏曲名家走进校园，让学生亲身感受京剧之美；我们带领学生走进北京戏曲博物馆，通过在北京戏曲博物馆内的一些体验活动，学生产生了疑问，有了进一步探究京剧文化以及戏曲文化的意愿。

在探究学习的过程中，我们利用思维导图这一工具，培养学生收集和处理信息的能力、交流和合作的能力、口头表达的能力，让学生在感性体验之后学会理性思考。

课程汇报环节的活动流程：

1. 各专题小组介绍自己探究专题的思维导图。
2. 重组综合小组，现场绘制不同形式的综合性思维图。
3. 综合小组介绍综合性思维导图。
4. 教师总结，激发学生对戏曲乃至中国传统文化再探究的愿望。

五年级博物馆课程汇报

五年级博物馆课程汇报

六年级

北京奥运博物馆课程

课程主题：重温奥运梦 讴歌体育魂

授课地点：教学楼四层东厅

授课教师：李弄辞

课程简介：语文、数学老师在了解了本次七年级监测情况之后，结合学生的实际情况，发现学生对图表信息的提取和理解存在很大问题。结合本学期语文“体育”主题单元和数学“数据处理”单元的学习，设计了本次以参观北京奥运博物馆为主要形式的博物馆课程。本次博物馆课程在学生课堂学习的基础上，从不同角度继续培养学生调查、收集、整理、分析数据的能力，应用文写作的能力，以及收集信息素材、修改素材、熟练制作 PPT 的能力。同时，使学生了解奥运会相关背景知识，感受奥林匹克文化和精神。在参观后的交流活动中，培养学生学会倾听他人意见、乐于和同伴交流看法、努力达成共识的习惯。引导学生关注中国体育事业发展过程与成就，感受体育运动的魅力，理解体育运动的精神，激发民族自豪感和责任感。

课程汇报环节的活动流程：

1. 回顾前期学习过程。
2. 以课题研究小组为单位，将参观时或其他渠道收集到的信息汇总。
3. 教师指导学生提取、筛选信息。
4. 教师引导学生选择适当的统计图，直观、有效地展示数据。
5. 学生在教师的指导下制图。
6. 小组内思考、讨论：通过对数据的整理、分析了解到了哪些现状，发现了什么新问题；针对所发现的问题，有哪些解决策略。
7. 以课题研究小组为单位进行展示、讲解。
8. 教师提出分析数据、撰写报告的要求。

六年级博物馆课程汇报

六年级博物馆课程汇报

Part 4
成果展示

全科式博物馆课程教育教学成效

“不积跬步，无以至千里”。在综合实践活动课程探索的过程中，我们从陌生到熟悉，从最简单的活动设计到具有综合实践特色的博物馆课程开发，从单一学科的小实践到跨学科的综合探索，我们在前进中成长，也在努力中收获。经过几年的探索与研究，取得了一些效果。

一、丰富完善了学校的“勤·思”课程体系

以10%学时的学科实践活动为支点撬动了学校100%的课程改革，在一定程度上倒逼了学校开展学科内部整合、跨学科整合、跨学段实践的探索，打破了学科壁垒。使学校通过优化课程、转变教学方式、评价方式等，实现了减负增效，也实现育人功能的最大化和最优化。实践中我们也发现，学科实践活动已经完整地纳入到我校的整个课程体系结构之中，对学科教学做了有益的补充。特别是前进小学的博物馆课程这类综合实践性课程，更好地优化和升级了海淀区前进小学的课程体系，更强调体验、探究，能够引导教师通过学科整合、校内外打通实施，不断创生新的教学方式，切实培养了学生面对未来成长所需要的学习力、思维力和研究力。

二、探索出了多样的课程实施模式

新的《课程计划》的提出，为我们的探索特别是学科实践活动的设置提供了依据。我们开展了单科、跨学段、学科融合等实践活动，旨在让学生运用研究性学习方式，发现、提出问题，从而培养学生的合作与创新能力、研究与实践能力。开发出了“学科内整合”“学科间整合”“跨学段整合”“学科间教师合作教学”等形式丰富的探究性课程，并编写了“学科实践活动”方案和博物馆课程活动手册。

三、改变了传统的教与学方式

学科实践活动课程使学生的探究学习能力不断提升。学科实践活动的实施不仅覆盖了学习发生的过程，弥补学生直接经验学习的不

足，还有效解决了学习中的真问题，实际上是在高效地完成国家课程。每个学科拿出10%的学时到专业教室、校园、图书馆、社区、超市、周边遗址公园、博物馆等地方去实践，学生能够亲身体验，首先发现和提出问题，然后进行信息检索、筛选和探究，最终解决问题，从而培养了学生的合作与创新能力、研究与实践能力，促进学生全面而有个性地发展。学科实践活动使师生们走了起来、动了起来，这似乎很像以前的课外活动，但现在这些学科实践活动已经被纳入课程体系，这就意味着它与以往的课外活动有着很大区别。“现在我们给每门课程都设置一张任务单，这样同学们去公园、超市就不是单纯去逛，他们都是带着明确的目的去的。”

四、促生了教师的多元化发展路径

教师由原来单一的教学发展路径，发展为校本课程开发型、课堂教学型、科研型等多元化发展路径，教师已经成为课程真正的建设者。由于活动形式的开放性，活动过程的不确定性以及活动结果的不可预见性，我们对教师也提出了完全不同于学科教学的素质要求。所以，教师在学科实践活动课程设计中，不再是单一的知识传授者，而更多转变为活动实施过程的设计者、引导者和参与者。教师的作用也由原来的知识传授转变为激发学生的求知欲望，引导学生进行体验、探究、发现性学习，保护学生的探索和创新精神，培养他们与人合作共事的态度和能力。实践显示，有效指导、平等参与和鼓励学生自主选择、主动探究已经成为我校每一位教师开展学科实践活动的角色定位。

正像一位老师们在访谈中谈到的：“老师不仅要在设计活动时进一步思考，而且还有一个角色的转变，老师不能只把知识告诉学生怎么用就可以了，一定要动起来，要把知识用起来。在学生的活动中，老师一直在问‘你们发现有什么问题？你们怎么做这个图表？为什么要做这个图表？’让学生在活动的过程中理解所学的知识。相信不管是在这节课，还是以后遇到相似的知识，学生都会有自己的思考和理解。所以我觉得老师一定要有角色上的转变，要从指导者变成辅助者。在学生有困惑时老师去解惑，这个过程可以说是润物细无声地把传道授业的问题也解决了。”还有老师谈到：“我们学校年龄最大的翟老师临近退休，但每次都活跃在我们的课程研讨中，每次都担当主力，而且每次设计过程中都有自己独到的见解。还有我们学校刚参加工作两个月的小金老师，在研讨会上就承担起了展示课的重要任务。从这两位老师身上我们可以看出，真是不论年龄，人人参与。”在这个过程中，我们固化了研究与实践成果。但更值得骄傲的是：我们没有让一个老师掉队！

五、促进了学生全面而有个性的发展

学校建构“勤·思”课程体系，从课程的普适性、知识的普惠性，到学习习惯、品格养成的普及性，都促进了学生的全面发展。综合实践活动课程为学生思维发展搭建了平台，就像学生参与数学实践活动之后日记里写的那样：“不管最终结果如何，对我来说更重要的是过程。在这次活动中，我们认真做实验并记录数据，仔细探讨得出不同数据的原因，这些经历让我无比兴奋。”

在走进北京戏曲博物馆课程的学习中，孩子们在博物馆拥有了画脸谱、穿戏服、在舞台上学习动作的体验。在这个过程中，孩子们的

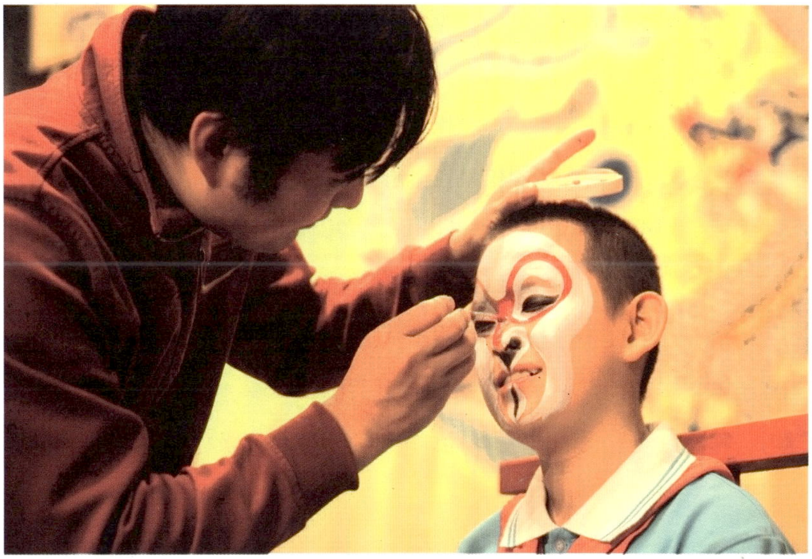

疑问自然而然就来了，比如说画脸谱为什么脸上要画两个小闪电呢？这个戏服重不重啊，怎么表演呢？学生在参观体验的过程中自然就由体验者不知不觉地向问题的提出者转变，慢慢学会思考了。参观体验完成之后，孩子们对自己感兴趣的问题分小组进行研究，有的对行头感兴趣，有的对脸谱感兴趣，有的对行当感兴趣，还有的对乐器感兴趣。在研究中，他们查资料、请教家长或者请教其他老师，这个过程使学生学习的能力得到了进一步提升，在情感上得到升华。再在教师的带领下，把所有搜索到的资料、内容用思维导图进行整理，以图的形式简洁明了地把枝干提取出来，让人一目了然。有的孩子说："我以前对京剧并不了解，觉得京剧离我太远了，今天去北京戏曲博物馆参加了体验活动，我发现京剧这么博大精深，有很多值得我们探究的问题，我想继续探究下去。"我们的博物馆课程就是让孩子们走出课堂去体验，让孩子们在体验中善于思考、乐于思考，进而培养他们探究问题、解决问题的能力。

博物馆课程把上课的地点搬到了博物馆内，把单科教学变为多科融合教学，使孩子们眼前一亮，这样便激发、调动了孩子们的学习积极性，这样的学习模式深受孩子们的欢迎。

综合实践活动课程也为培养学生创新能力打开了一扇窗。我们的学科实践活动课程、博物馆课程、研学旅行课程也促进了学生的个性发展。通过教师有计划、有目的设计的综合实践活动课程，将原本课堂教学的部分内容以活动形式展开，鼓励学生以小组形式开展合作学习、探究学习，通过小调查、小研究、小实验等方式充分调动了学生学习的自主性和积极性，使课堂内外的学习过程有机结合，使书本知识与实践体验紧密联系，实现了学生学习的综合性和连贯性，也在潜移默化中提升了学生的综合素养。

综合实践活动带给学生不一样的学习体验。活动结束后，孩子们在活动中也是收获满满。很多参加实践活动的孩子们表示，这些实践活动"打乱"了原来的学科限制，你中有我，我中有你，书本上的"死"知识变得"活"了起来，这也让他们的好奇心变得更强了，积极性更高了，课堂气氛也更活跃了。

家长们高度评价了学校综合实践活动课程。比如针对博物馆课程，一位家长这样评价：“这次奇妙的昆虫世界的活动，孩子非常感兴趣，热情很高，活动之后的几天一直津津乐道。国家动物博物馆之旅拓展了孩子的视野，丰富了知识面，将数学、英语、美术等课程都融入其中，让孩子在旅途中、参观时都在学习，将实践和平时书本上学到的知识完美地结合在了一起。”

再如针对北京奥运博物馆课程，家长这样评价：“本学期，看到学校组织二年级全体同学走出校园，各学科老师结合课本内的知识，在北京奥运博物馆内，进行了现场实践教学课。随后又邀请了北京奥运博物馆解说专家走进教室，为孩们科普奥运圣火、奖牌等的相关知识。结束后老师们根据学习参观的内容，为孩子们精心设计制作了课程手册等，让孩子们将所看、所思、所想记录下来并与全班分享交流。这一系列的学习过程，我非常赞同，感觉非常有意义。我认为，实践活动课程对孩子们有以下几点重要的作用：第一，社会实践课程能让孩子们体会不同的学习方式，真正地让孩子感受到知识是可以在玩中学、在学中用；第二，社会实践课程让孩子们外出参观学习、校内讨论交流，每个人的独立性、责任心和参与意识等得到锻炼；第三，社会实践课程能让孩子们更多地了解课本外的知识，开阔视野，培养丰富多彩的兴趣爱好；第四，最重要的是，这一届二年级的孩子们大部分是2008年出生的，当年也是我国第一次举办夏季奥林匹克运动会，有重要的历史意义。通过这次奥运博物馆学习实践课，孩子们能真实地感受到奥运会的意义和祖国的强大。希望学校能继续开展学科与实践课程，全面提高孩子们的综合能力。”

六、升级了学校的课程品牌和提升办学声誉

北京市海淀区前进小学的“勤·思”课程，通过建构上位的顶层设计，开发了实践活动课程体系，打造和升级了这一课程品牌。虽然前进小学很小，但是学校做精了课程、做亮了课程，在海淀区内赢得了赞赏与认可。

2016年申报海淀区教育科学“十三五”规划课题《小学博物馆课程的开发与实施研究》，成为“十三五”规划重点课题。2017年11月17日，由北京市海淀区教委基教一科、北京市海淀区教育科学研究院主办，北京市海淀区前进小学承办的“勤于思·乐于行——海淀区小学学科实践活动研讨会”召开，使学校有机会在全海淀区展示，并有了向其他兄弟学校推广的机会。

在研讨会上，中共海淀区委教育工委书记尹丽君发言谈到：“通过听课、参观校园、学生展示、校长汇报等形式，全面了解了前进小学在基础教育课程改革中推进素质教育，落实立德树人、实施活动育人，让学生真正‘开开心心’地在学习和实践中夯实基础、彰显潜

能、全面发展、健康成长的系列做法和经验。前进小学面对不断深化的课程和教学改革，有自己的态度、自己的思考；面对学校的发展，定位准、举措实。他们通过近几年的研究，以学科实践活动这个支点来撬动100%的课程改革、撬动100%教师教学思想的转变，使学校的办学活力进一步增强。通过教师们开发的博物馆课程帮助每一名学生在走进生活、认识现实世界的基础上，发现自己、唤醒自己，真正让孩子们拥有了快乐的学习时光。前进小学近三年潜心研究的背后，体现的是干部们对教育的情怀和教师们踏实做教育的'工匠'精神，从这两方面来看，前进小学就是在办'负责任'的教育。所以他们才会在海淀区2016年学校社会满意度评价中位列公办校第一名，前进小学全体干部职工用他们辛勤的劳动、用他们的行动力赢得了社会的认可。"

海淀区教育科学研究院院长吴颖惠谈到："这是一所小而精的学校，看了孩子们的表演，真的是朝气蓬勃，孩子们脸上所洋溢的快乐让我们知道这是一个非常好的学校。这个学校好不好，我们从孩子的脸上能够感觉到，从教师的脸上能够感觉到。几位教师在台上的访谈，有的说他是第一次发言，第一次面对观众，但实际上他在这个学校充满着自信，这是一个学校发展最为基本的。这个平台展示的学科实践活动的成果，包括放在桌子上的大量资料，都是成果的展示。我们可以从这个地方反推其过程一定是让孩子既有快乐、有实践，又有活动，同时有发展，这是教育。"

北京市市级专家做出好评："海淀区前进小学的学科实践活动展示，可以用四个词概括——精彩、精致、精美、精心。现场听了一节六年级的北京奥运博物馆课程，课堂上老师融合了语文、数学、体育的教学，真的是呈现了很精彩的跨学科的整合能力。而且老师通过教学，体现了'问题提出——收集资料——整理数据——分析数据——得出结论——问题提出'的结构设计。学校博物馆课程一到六年级的活动手册共有12册。特色博物馆课程不仅是分层级的，关键是全方位树立了博采众长、通晓万物的理念。今天的课程体现出的是好玩的课程、有用的课程、实践的课程，为我们有效开展学科实践活动提供了有益的示范作用。"

博物馆课程学生学习成果展示

有趣的动物王国

一年级　国家动物博物馆课程

在平时的课程中，会有各种各样的小动物作为学习伙伴出现在课文中。而一年级的孩子们正处在对事物有着强烈的好奇心，好动、好模仿，喜欢动物的阶段，再加上一年级各个学科都涉及了跟动物有关的知识，孩子们对研究动物抱有极大的兴趣。国家动物博物馆大量的动物标本是最好的观察对象和学习材料！

博物馆现场

学生作业

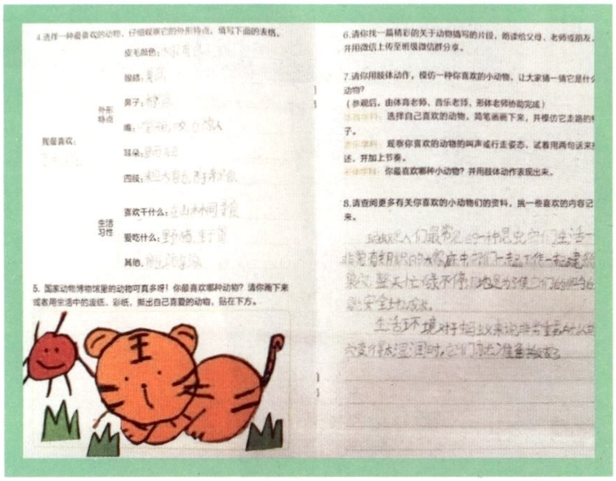
4.选择一种最喜欢的动物，仔细观察它的外形特点，填写下面的表格。

我最喜欢：

外形特点：皮毛颜色：　眼睛：　鼻子：　嘴：　耳朵：　四肢：

生活习性：喜欢干什么：　爱吃什么：　其他：

5. 国家动物博物馆里的动物可真多呀！你最喜欢哪种动物？请你画下来或者用生活中的废纸、彩纸，撕出自己喜爱的动物，贴在下方。

6.请你找一篇精彩的关于动物描写的片段，朗读给父母、老师或朋友，并用微信上传至班级微信群分享。

7.请你用肢体动作，模仿一种你喜欢的小动物，让大家猜一猜它是什么动物？

（参观后，由体育老师、音乐老师、形体老师协助完成）

体育学科：选择自己喜欢的动物，简笔画画下来，并模仿它走路的样子。

音乐学科：观察你喜欢的动物的叫声或行走姿态，试着用两句话来描述，并加上节奏。

形体学科：你最喜欢哪种小动物？并用肢体动作表现出来。

8.请查阅更多有关你喜欢的小动物们的资料，挑一些喜欢的内容记下来。

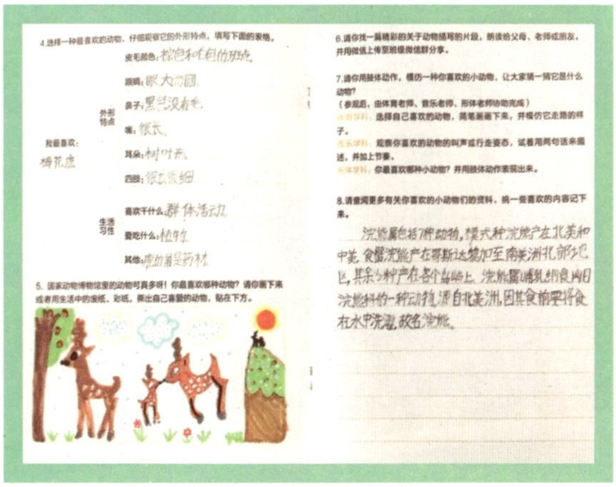
4.选择一种最喜欢的动物，仔细观察它的外形特点，填写下面的表格。

我最喜欢：梅花鹿

外形特点：皮毛颜色：棕色和白色的斑点。　眼睛：眼大而圆。　鼻子：黑色没有毛。　嘴：很长。　耳朵：树叶形。　四肢：很长很细

生活习性：喜欢干什么：群体活动。　爱吃什么：植物。　其他：鹿的角是药材。

5. 国家动物博物馆里的动物可真多呀！你最喜欢哪种动物？请你画下来或者用生活中的废纸、彩纸，撕出自己喜爱的动物，贴在下方。

6.请你找一篇精彩的关于动物描写的片段，朗读给父母、老师或朋友，并用微信上传至班级微信群分享。

7.请你用肢体动作，模仿一种你喜欢的小动物，让大家猜一猜它是什么动物？

（参观后，由体育老师、音乐老师、形体老师协助完成）

体育学科：选择自己喜欢的动物，简笔画画下来，并模仿它走路的样子。

音乐学科：观察你喜欢的动物的叫声或行走姿态，试着用两句话来描述，并加上节奏。

形体学科：你最喜欢哪种小动物？并用肢体动作表现出来。

8.请查阅更多有关你喜欢的小动物们的资料，挑一些喜欢的内容记下来。

奇妙的昆虫世界

三年级　国家动物博物馆课程

昆虫作为世界上数量最多的动物类群，占据了整个动物界80%，被誉为“三最”的生物。国家动物博物馆的昆虫厅突出展示了地球上最繁多、种数超过100万种的昆虫代表性类群。昆虫展厅内有许多昆虫标本，令人大开眼界，真是个了解昆虫的多样性、学习有关昆虫知识的好去处！这次的博物馆课程活动，帮助学生们拓宽了学习渠道，让课内知识拓展到课外，让学习更开放、更有乐趣。这次奇妙的昆虫世界之旅，让学生收获颇丰。

博物馆现场

学生作业

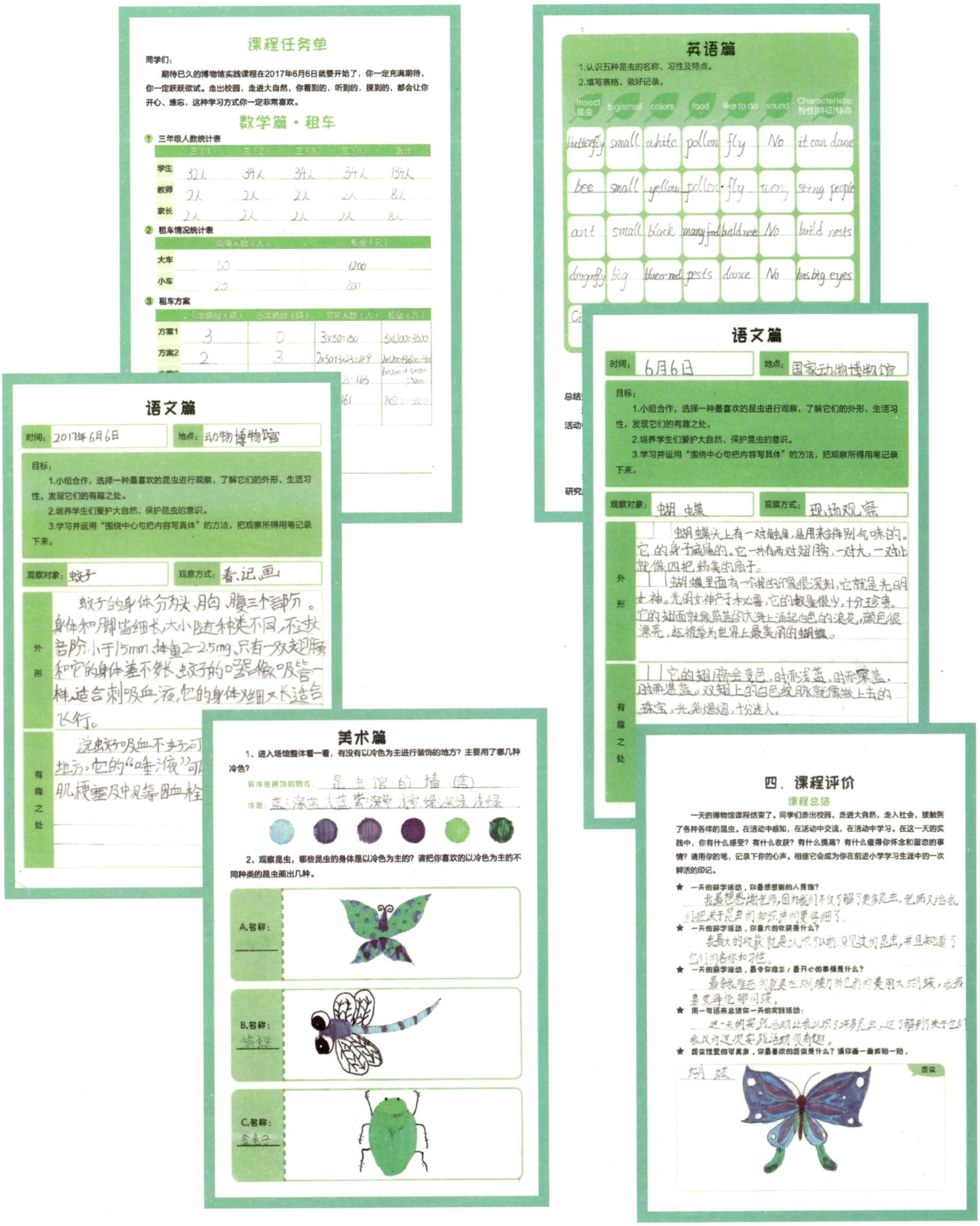

课程任务单

同学们：

期待已久的博物馆实践课程在2017年6月6日就要开始了，你一定充满期待，你一定跃跃欲试。走出校园，走进大自然，你看到的，听到的，摸到的，都会让你开心、难忘，这种学习方式你一定非常喜欢。

数学篇·租车

1 三年级人数统计表

	三（1）	三（2）	三（3）	三（4）	合计
学生	32人	34人	34人	34人	134人
教师	2人	2人	2人	2人	8人
家长	2人	2人	2人	2人	8人

2 租车情况统计表

	限乘人数（人）	租金（元）
大车	50	1200
小车	25	800

3 租车方案

	大车辆数（辆）	小车辆数（辆）	可乘人数（人）	租金（元）
方案1	3	0	3×50=150	3×1200=3600
方案2	2	3	[illegible]	[illegible]

英语篇

1.认识五种昆虫的名称、习性及特点。

2.填写表格，做好记录。

Insect 昆虫	big/small	colors	food	like to do	sound	Characteristic 特性特征特点
butterfly	small	white	pollen	fly	No	it can dance
bee	small	yellow	pollen	fly	weng	sting people
ant	small	black	many food	build nests	No	build nests
dragonfly	big	blue red	pests	dance	No	has big eyes

语文篇

时间：2017年6月6日　地点：动物博物馆

目标：

1.小组合作，选择一种最喜欢的昆虫进行观察，了解它们的外形、生活习性，发现它们的有趣之处。

2.培养学生们爱护大自然、保护昆虫的意识。

3.学习并运用“围绕中心句把内容写具体”的方法，把观察所得用笔记录下来。

观察对象：蚊子　观察方式：看、记、画

外形：蚊子的身体分头、胸、腹三个部分。身体和脚都细长，大小随种类不同，不过都小于15mm，体重2-2.5mg。只有一对翅膀和它的身体差不多。蚊子的嘴像吸管一样，适合刺吸血液，它的身体又细又长适合飞行。

有趣之处：……

语文篇

时间：6月6日　地点：国家动物博物馆

目标：

1.小组合作，选择一种最喜欢的昆虫进行观察，了解它们的外形、生活习性，发现它们的有趣之处。

2.培养学生们爱护大自然、保护昆虫的意识。

3.学习并运用“围绕中心句把内容写具体”的方法，把观察所得用笔记录下来。

观察对象：蝴蝶　观察方式：现场观察

外形：蝴蝶头上有一对触角，是用来辨别气味的。它的身子扁扁的。它一共有两对翅膀，一对大，一对小，就像四把精美的扇子。蝴蝶里面有一种蝴蝶的印象很深刻，它就是光明女神。光明女神产于秘鲁，它的数量很少，十分珍贵。它的翅面就像蔚蓝的大海上涌起白色的浪花，颜色很漂亮，还被誉为世界上最美丽的蝴蝶。

有趣之处：它的翅膀会变色，时而浅蓝，时而深蓝，时而湛蓝。双翅上的白色纹脉就像嵌上去的宝石，光彩熠熠，十分迷人。

美术篇

1、进入场馆整体看一看，有没有以冷色为主进行装饰的地方？主要用了哪几种冷色？

有冷色装饰的地方：昆虫馆的墙（画）

冷色：蓝、深蓝、浅蓝、紫、深紫、绿、深绿、浅绿

2、观察昆虫，哪些昆虫的身体是以冷色为主的？请把你喜欢的以冷色为主的不同种类的昆虫画出几种。

A.名称：

B.名称：蜻蜓

C.名称：金龟子

四、课程评价

课程总结

一天的博物馆课程结束了。同学们走出校园，走进大自然，走入社会，接触到了各种各样的昆虫。在活动中感知，在活动中交流，在活动中学习。在这一天的实践中，你有什么感受？有什么收获？有什么提高？有什么值得你怀念和留恋的事情？请用你的笔，记录下你的心声。相信它会成为你在前进小学学习生涯中的一次鲜活的印记。

★ 一天的游学活动，你最想感谢的人是谁？

★ 一天的游学活动，你最大的收获是什么？

★ 一天的游学活动，最令你难忘／最开心的事情是什么？

★ 用一句话来总结你一天的实践活动：

★ 昆虫世界的可爱多，你最喜欢的昆虫是什么？请你画一画或贴一贴。

蝴蝶

羽翼王国大搜索

三年级　国家动物博物馆课程

本课程融合了语文、数学、英语、音乐、体育、美术和书法七大学科，围绕“鸟类”这一主题开展了本次走进国家动物博物馆的实践课程活动，并将主题拟为“羽翼王国大搜索”。通过自主参观，学生们在互相协作下进行了细致的观察，详细地将鸟类的中英文名称、外貌、习性等做了重点的摘录。三个多小时的博物馆现场参观学习，不仅使学生们对鸟类有了更深刻的认识，拓展了视野、增长了知识，还为博物馆课程后续的学习、总结、汇报活动奠定了坚实的基础。

博物馆现场

学生作业

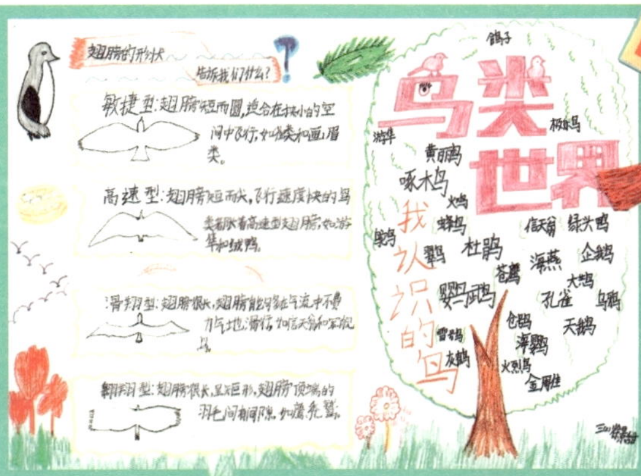

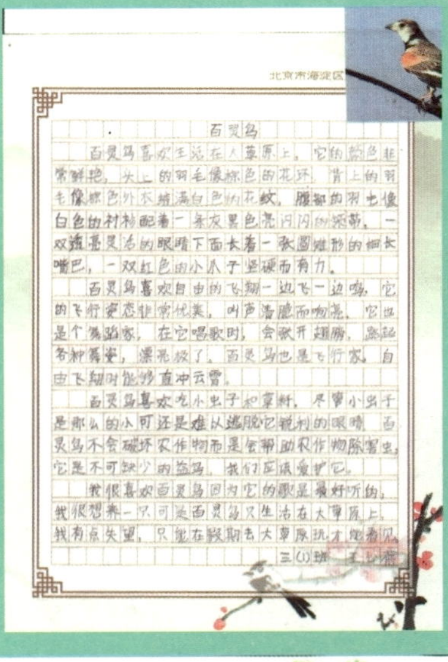

北京市海淀区

百灵鸟

百灵鸟喜欢生活在大草原上。它的颜色非常鲜艳，头上的羽毛像棕色的花环，背上的羽毛像棕色外衣堵满白色的花纹，腹部的羽毛像白色的衬衫配着一条灰黑色亮闪闪的领带。一双透亮灵活的眼睛下面长着一张圆锥形的细长嘴巴，一双红色的小爪子坚硬而有力。

百灵鸟喜欢自由的飞翔一边飞一边唱，它的飞行姿态非常优美，叫声清脆而响亮。它也是个舞蹈家，在它唱歌时，会张开翅膀，跳起各种舞姿，漂亮极了。百灵鸟也是飞行家，自由飞翔时能够直冲云霄。

百灵鸟喜欢吃小虫子和草籽，尽管小虫子是那么的小可还是难以逃脱它锐利的眼睛。百灵鸟不会破坏农作物而是会帮助农作物除害虫，它是不可缺少的益鸟，我们应该爱护它。

我很喜欢百灵鸟因为它的歌是最好听的，我很想养一只可是百灵鸟只生活在大草原上，我有点失望，只能在假期去大草原玩才能看见。

三(1)班 [illegible]

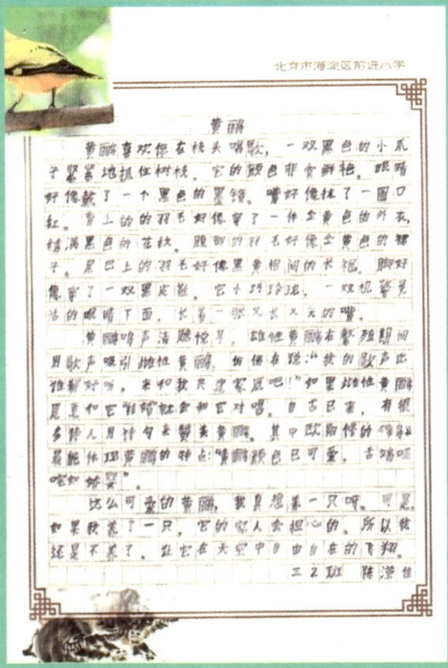

北京市海淀区前进小学

黄鹂

黄鹂喜欢停在枝头唱歌，一双黑色的小爪子紧紧地抓住树枝。它的颜色非常鲜艳，眼睛好像戴了一个黑色的墨镜，嘴好像抹了一圈口红。背上的的羽毛好像穿了一件金黄色的外衣，镶满黑色的花纹。腹部的羽毛好像金黄色的裙子，尾巴上的羽毛好像黑黄相间的长裙，脚好像穿了一双黑皮鞋。它小巧玲珑，一双机警灵活的眼睛下面，长着一张又长又尖的嘴。

黄鹂鸣声清脆悦耳，雄性黄鹂在繁殖期间用歌声吸引雌性黄鹂，仿佛在说："我的歌声[illegible]对吗，来和我共建家园吧！"如果雌性黄鹂愿意和它"结婚"就会和它对唱。自古以来，有很多诗人用诗句来赞美黄鹂，其中欧阳修的诗句最能体现黄鹂的特点："黄鹂颜色已可爱，舌端哑咤如娇婴"。

这么可爱的黄鹂，我真想养一只啊。可是，如果我养了一只，它的家人会担心的。所以我还是不养了，让它在天空中自由自在的飞翔。

三2班 陈滢佳

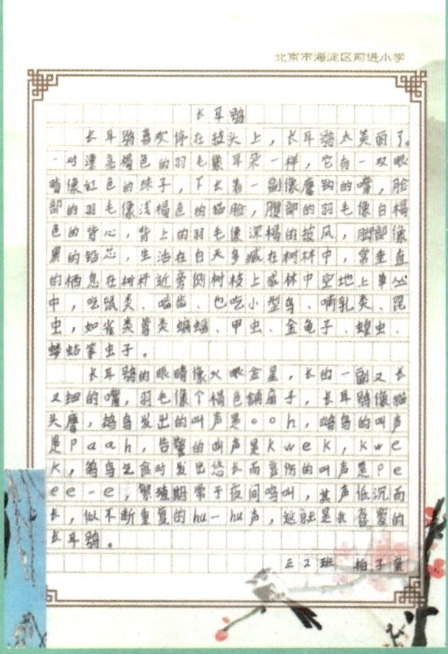

北京市海淀区前进小学

长耳鸮

长耳鸮喜欢停在枝头上，长耳鸮太美丽了。一对漂亮橘色的羽毛像耳朵一样，它有一双眼睛像红色的珠子，下长着一副像鹰钩的嘴，脸部的羽毛像浅橘色的猫脸，腹部的羽毛像白橘色的背心，背上的羽毛像深褐的披风，脚部像黑的铅芯，生活在白天多藏在树林中，常垂直的栖息在树杆近旁侧树枝上或林中空地上草丛中，吃鼠类、蝙蝠、也吃小型鸟、哺乳类、昆虫，如雀类鸟类蝙蝠、甲虫、金龟子、蝗虫、蝼蛄等虫子。

长耳鸮的眼睛像火眼金星，长出一副又长又细的嘴，羽毛像个橘色铺扇子，长耳鸮像猫头鹰，雄鸟发出的叫声是ooh，雌鸟的叫声是Paah，告警的叫声是kwek，kwek，雏鸟乞食时发出悠长而悲伤的叫声是Peee-e，繁殖期常于夜间鸣叫，其声低沉而长，似不断重复的hu—hu声，这就是我喜爱的长耳鸮。

三2班 柏子萱

其他博物馆

探秘体育世界

二年级　北京奥运博物馆课程

选定到北京奥运博物馆参观有一个重要原因，就是参加活动的二年级学生大部分都是“奥运宝宝”，了解奥运会、学习奥运知识、参加实践活动对孩子们来说有很大意义。学生们通过多学科融合的主题探究模式，感受奥运文化，发扬奥运精神，从而加强强身健体的意识。在整个博物馆活动中，学生从视觉、听觉、触觉等多角度体会到了体育世界的魅力，感受到了奥运的拼搏精神，激励学生更加热爱自己的国家，今后更加努力学习去报效自己的国家。

博物馆现场

学生作业

3、同学们你们参观了博物馆后对哪个运动项目最感兴趣啊？试着用英语说出＂我喜欢的运动项目＂，例如：My favorite sport is ...

My favorite sportis skiing.

4、写出至少5种你最喜欢的运动项目的名称。

答：我最喜欢的运动有，田经、射击、跳水、体操、跳高。

5、北京奥运会的开幕时间是？请你写在下面的横线上。

答：北京奥运会的开幕时间是，12:00 2008.8月8日。

6、2008年北京奥运会的宣传歌是哪首？你能唱出来吗？

答：2008年北京奥运会的宣传歌是《北京欢迎你》，我能唱出来

三、各学科总结交流

结合各学科的课前准备内容及课程实践活动，分享、展示、交流自己的学习和研究成果。

3、同学们你们参观了博物馆后对哪个运动项目最感兴趣啊？试着用英语说出＂我喜欢的运动项目＂，例如：My favorite sport is ...

My favorite sport is swimming.

4、写出至少5种你最喜欢的运动项目的名称。

答：我最喜欢的运动项目有：举重、击剑、跳水、自行车、游泳。

5、北京奥运会的开幕时间是？请你写在下面的横线上。

答：北京奥运会的开幕时间是2008年8月8日。

6、2008年北京奥运会的宣传歌是哪首？你能唱出来吗？

答：2008年北京奥运会的宣传歌是《北京欢迎你》。

三、各学科总结交流

结合各学科的课前准备内容及课程实践活动，分享、展示、交流自己的学习和研究成果。

小书郎 赏典籍 品国粹

二年级 国家典籍博物馆课程

国家典籍博物馆的各展馆全面生动地呈现了中华民族多元、丰富的书籍文化，使同学们对书的世界有了更加深刻的了解和认识；激发了孩子们的读书兴趣，引发了他们热爱书籍、热爱阅读的情感，培养了爱读书、爱护书籍的好习惯。

博物馆现场

学生作业

我爱读书
读书好习惯
劝学诗

读书小报
读书名言

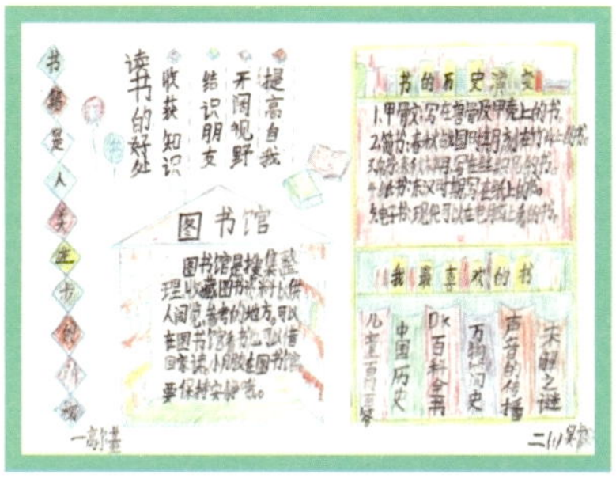
图书馆

我爱读书
勤学好问
学海无涯
学富五车
开卷有益
学而不厌
十年寒窗

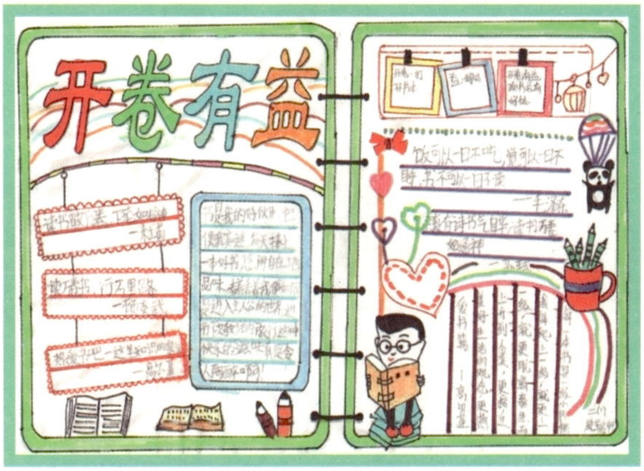
开卷有益

学生创编的绘本故事

狐狸与葡萄

狐狸急了，憋足了劲，弓起了身体，使劲向上蹦，
还是差一点，够不到一颗葡萄。

这时，它的肚子饿得瘪瘪的，上窜下
跳了很多次，累得精疲力尽。

忽然，它看见了一只乌鸦，生怕乌鸦
嘲笑它，就对乌鸦说："哎呀！~
这些葡萄又酸又涩，根本没法吃！

"哼！这样的酸葡萄就是送给我我都不吃"，
于是，狐狸边说边神气活现地走出了葡萄园。可
它的肚子呀，还在咕噜噜叫个不停哪！

想长大的毛毛虫

想长大的毛毛虫
作者 青达小学二年级一班
风瑞轩 史昊雨 崔达
韩丽辰 刘晨旭 周博家

从前，有一只毛毛虫，它看到身边的动物小伙伴们都在成长。
1

它来到小河边，看到小蝌蚪一天天变成了小青蛙。
2

想长大的毛毛虫
它来到大树上，看到了小鸟长出羽毛飞上了天空。
3

想长大的毛毛虫
它来到草丛里，看到小蜗牛已经背上了更大的房子。
4

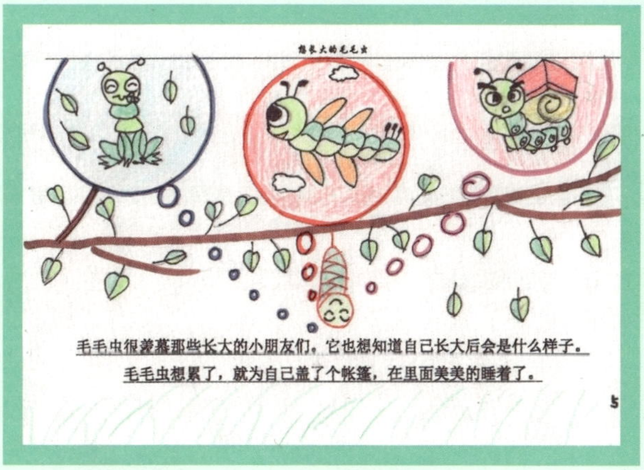
想长大的毛毛虫
毛毛虫很羡慕那些长大的小朋友们，它也想知道自己长大后会是什么样子。
毛毛虫想累了，就为自己盖了个帐篷，在里面美美的睡着了。
5

想长大的毛毛虫
当毛毛虫醒来后，它钻出了帐篷，惊奇地发现自己长出了美丽的翅膀，可以自由地飞
翔。原来这就是它长大的样子呀！
6

小猫和小狗

真棒

小月河的野鸭

小月河的野鸭

春天，小月河里来了两只美丽的野鸭。

当两岸的芦苇郁郁葱葱时，
它们的身后跟了五只小野鸭。

我们常在河边跳绳，嬉戏。真开心！
3

我们一起看野鸭一家在水里戏耍。
4

可是，有一天，河面只有孤伶伶的鸭爸鸭妈，
小野鸭全都不见了。
5

野生动物保护专家带走了鸭爸、鸭妈，并且
谢谢我们保护野生动物。
好心的爷爷告诉我们，小鸭被黄
鼠狼叼走了。老爷爷带着我们电话联系了
野生动物保护专家，请专家们把鸭爸和鸭妈带到安全的地方去。
6

没有了野鸭的小月河，依然美丽。只是……
我们会想念它们的。
7

探寻铁道王国的秘密

四年级　中国铁道博物馆课程

中国铁道博物馆作为博物馆实践课程的参观地点，为学生打开了了解铁路的一扇窗口，扩展了学生的知识面。学生从一件件展品、一张张图片、一次次的讨论中，了解中国铁路百年的发展历史，感受中国传承并延续下来的厚重的铁路文化。活动后学生写到：“科技越来越发达了。如果我们长大了，会有什么样的机车？以后的机车能跑多快？如果以后有磁悬浮列车，所有的铁路会不会都拆了？如果磁悬浮列车加上翅膀，那还会有飞机吗？”学生的思维被激活打开，这正是我们希望实践活动能达到的目的。

博物馆现场

学生作业

2. 根据完成的统计图进行数据分析。

从不同类型机车时速统计图中，我的感想是：从蒸气机车到内燃机车，从内燃机车到电力机车，从电力机车到电力动车，速度越快，增长也越来越快，说明中国的科技在发展，在飞速发展，而且机车也越来越环保，这些好的趋势说明我国的铁路在未来会越来越好！

科学：

根据调查铁路机车类型（依据动力来源划分），以及实际参观获取，用思维图的形式完成中国铁路机车的发展状况图。

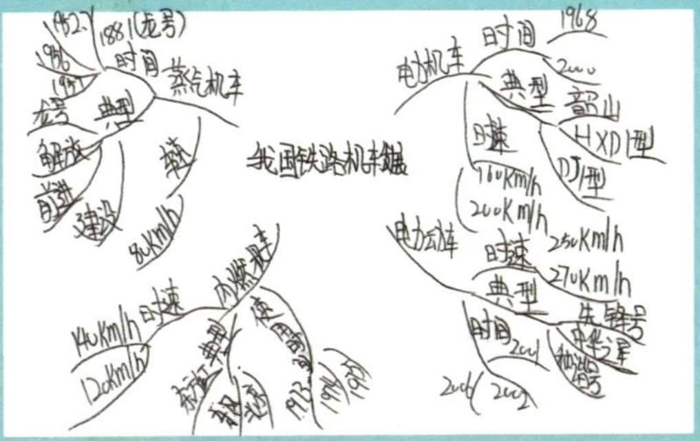

铁路机车类型调查表：

机车类型	使用时间	典型列车	车速
蒸汽机车	1881年	龙号	约80千米/时
蒸汽机车	1952年	解放号	约90千米/时
内燃机车	1958年	巨龙号	100千米/时
内燃机车	1964年	东方红号	120千米/时
电力机车	1969年	韶山号	90千米/时
电力机车	?	HXD型	120千米/时
电力动车	2001年	先锋号	250千米/时
电力动车	2002年	中华之星	270千米/时
电力动车	2006年	和谐号CRH1/CRH2	250千米/时
电力动车	2008年	CRH3	350千米/时
电力动车	2010年	CRH380	380千米/时
电力动车	2017年	复兴号	400千米/时

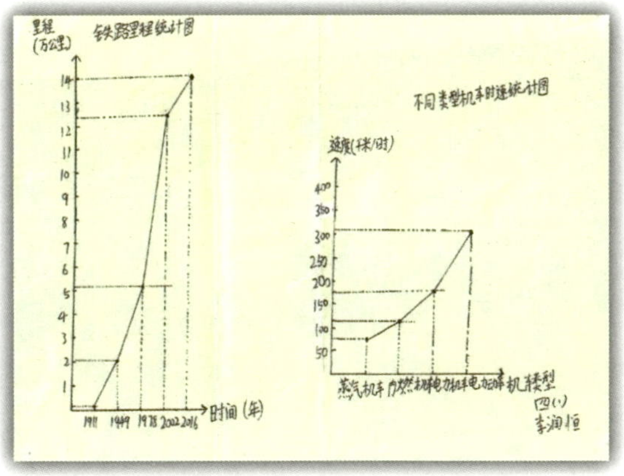

源远流长势辉煌 金银铜铁展华章

四年级　中国钱币博物馆课程

置身中国钱币博物馆，学生们仿佛走进了由钱币汇聚而成的历史长河，聆听钱币的默默诉说。课堂与博物馆实践活动相对接，有益于学生了解更多的钱币知识，锻炼学生搜集信息、整理信息的能力。整个博物馆课程的学习，培养了学生观察、比较、表达、写作、分析、审美、规划、创作、合作等综合能力，激发了学生的民族自豪感和爱国之情。

博物馆现场

学生作业

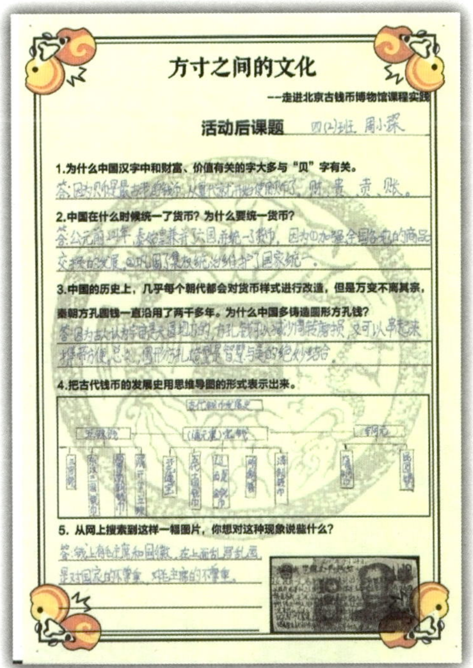

方寸之间的文化
——走进北京古钱币博物馆课程实践
活动后课题
1.为什么中国汉字中和财富、价值有关的字大多与“贝”字有关。
2.中国在什么时候统一了货币？为什么要统一货币？
3.中国的历史上，几乎每个朝代都会对货币样式进行改造，但是万变不离其宗，秦朝方孔圆钱一直沿用了两千多年。为什么中国多铸造圆形方孔钱？
4.把古代钱币的发展史用思维导图的形式表示出来。
5. 从网上搜索到这样一幅图片，你想对这种现象说些什么？

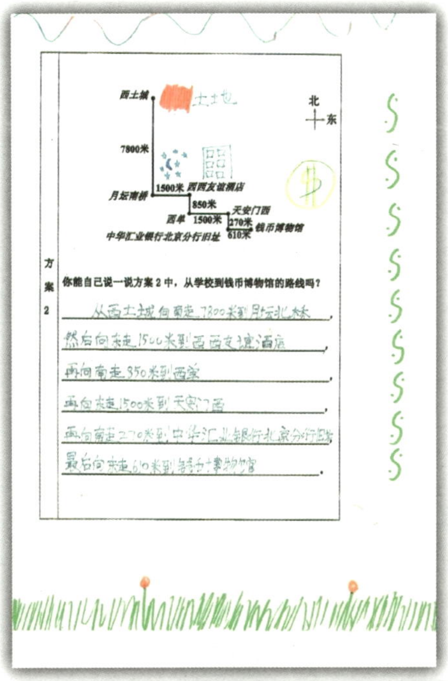

西土城
7800米
1500米 西西友谊酒店
月坛南桥
850米
西单
1500米
天安门西
270米
610米
钱币博物馆
中华汇业银行北京分行旧址
北
东
方案2
你能自己说一说方案2中，从学校到钱币博物馆的路线吗？

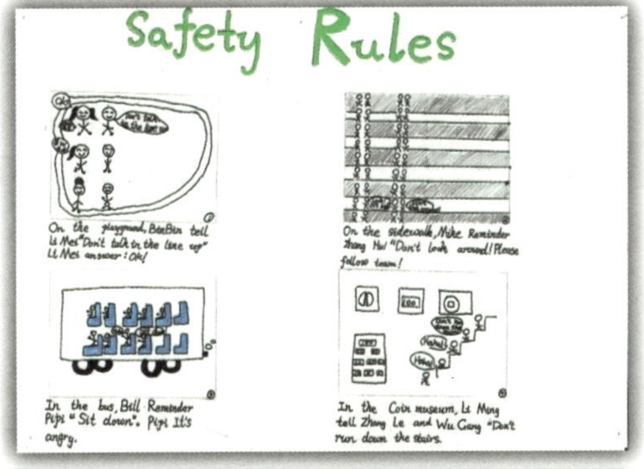

Safety Rules
On the playground, BeeBee tell Li Mei "Don't talk in the line up" Li Mei answer: Ok!
On the sidewalk, Mike Remender Zhang Hu "Don't look around! Please follow team!
In the bus, Bell Remender Pipi "Sit down". Pipi It's angry.
In the Coin museum, Li Meng tell Zhang Le and Wu Gang "Don't run down the stairs.

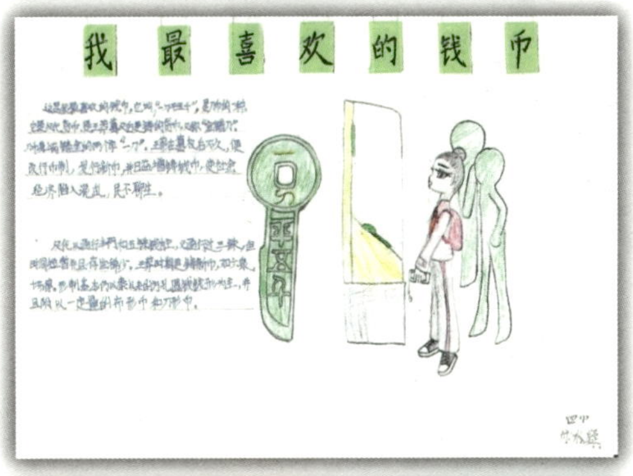

我最喜欢的钱币

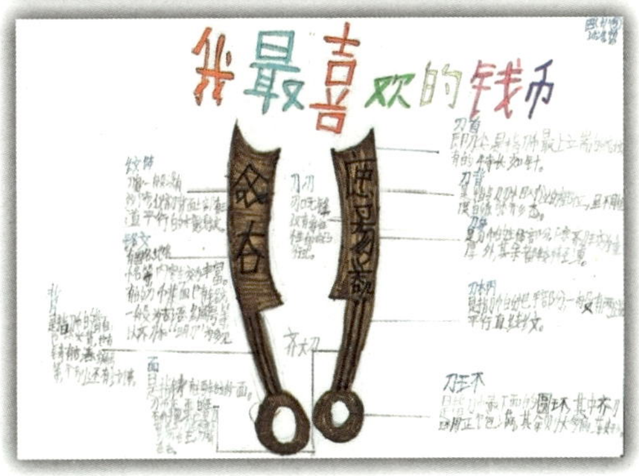

我最喜欢的钱币

in school
The school rules
Don't climb on the window ledge.
Don't run in the teaching building.
Don't take your pet to school.
Don't run down the stairs.
Rules on the road
Please wait for the green light.
Don't play in the road.
Please use the sidewalk.
On the street
in the School bus
The bus rules
Please be quiet.
Don't eat food in the bus.
Please carsick people take plastic bags.
in the Coin museum
The museum's rules
Don't touch the glass.
Don't speak loudly.
Don't play games in the museum.
Don't run in the museum.

凤阙龙阁势恢宏 天下皇家第一宫

五年级　故宫博物院课程

故宫作为中国庞大的历史文化综合体，是学生们认识中国传统文化的理想之门。实践活动中，博物馆实践课程分为必学课程和选学课程。其中，数学学科为必学课程，而其他六个学科则是根据自己的兴趣报名参加，重点学习所选定的课程。实践活动后进行交流展示会，学生们一起分享，了解各自小组的学习内容，共同收获不同学科的课程带给我们的知识。让学生不仅专心学习一个课题，也能多方面了解故宫文化。使博物馆课程真正成为服务学科教学、服务学生发展的一门好课程。

博物馆现场

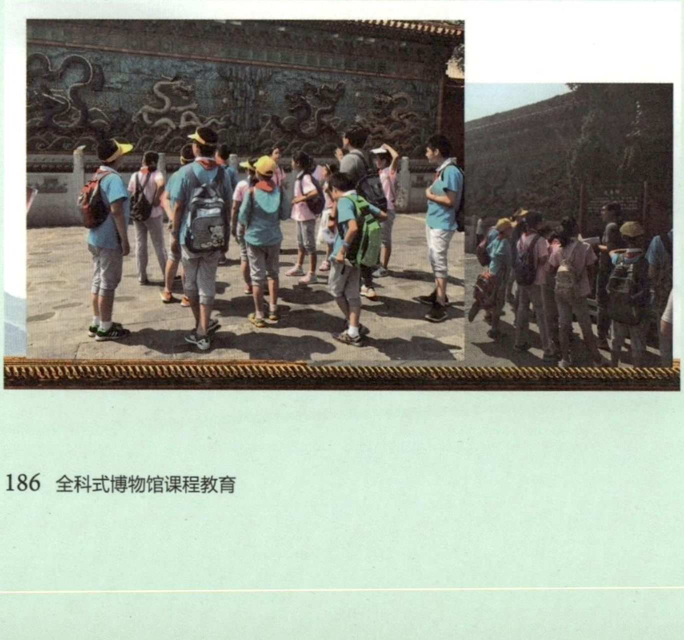

学生作业

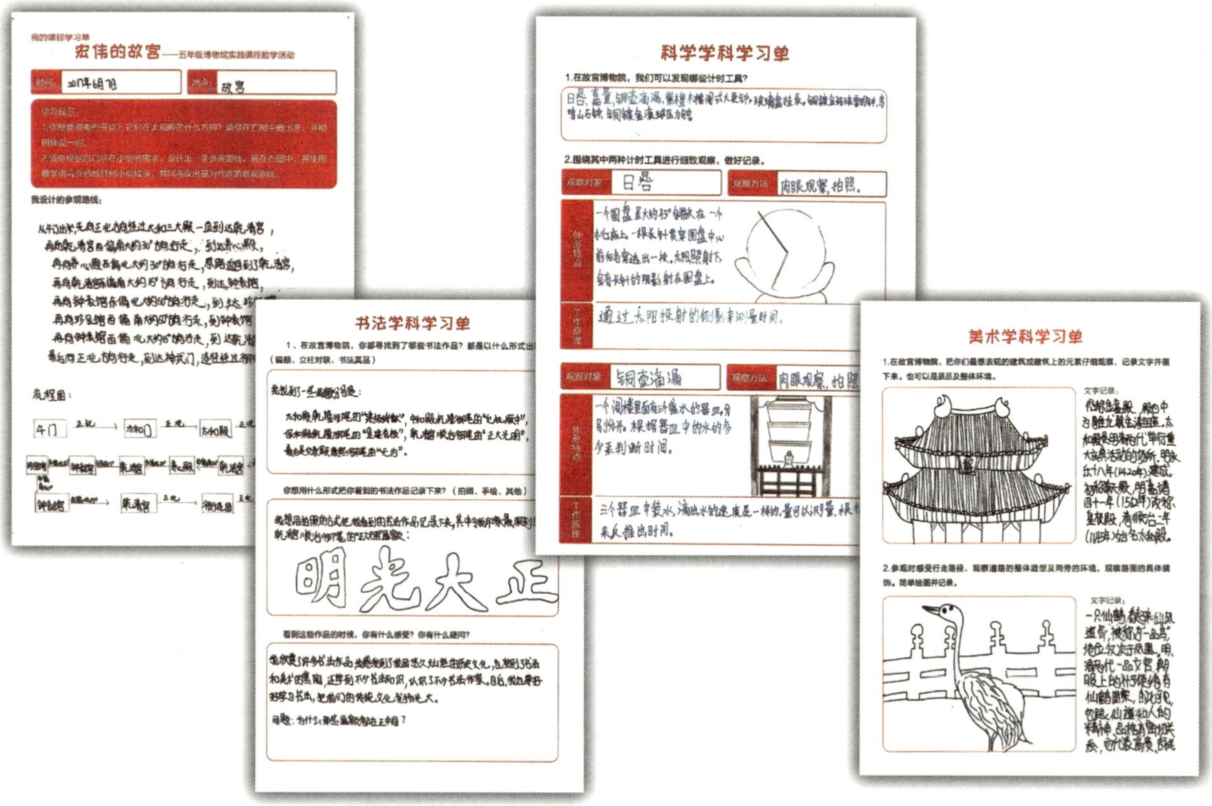

我的课程学习单
宏伟的故宫——五年级博物馆实践课程教学活动
书法学科学习单
科学学科学习单
美术学科学习单

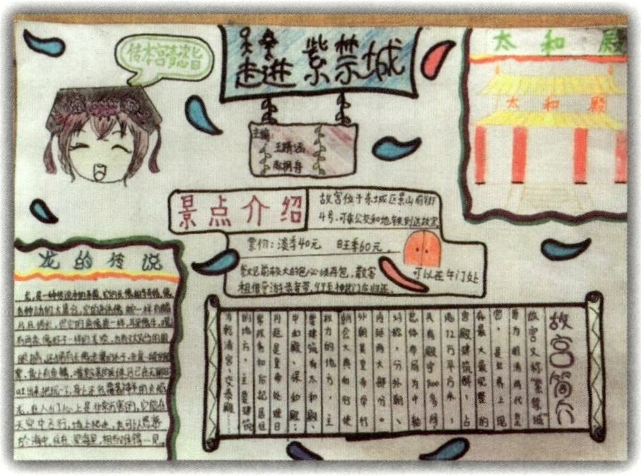

走进紫禁城
太和殿
景点介绍
龙的传说
故宫简介

走进故宫

京韵之味 戏曲之美

五年级　北京戏曲博物馆课程

京剧是中国著名的剧种，被称为“国粹”，而京剧脸谱又被称为“国粹之国粹”。以北京戏曲博物馆为载体，将语文、数学、音乐、美术、艺术等学科融合在一起，开展了主题为“京剧之韵　戏曲之美”的博物馆课程。学生通过参观和体验活动，感受了丰富多彩的京剧脸谱文化和京剧历史，激发了对京剧乃至中国戏曲的热爱。

博物馆现场

学生作业

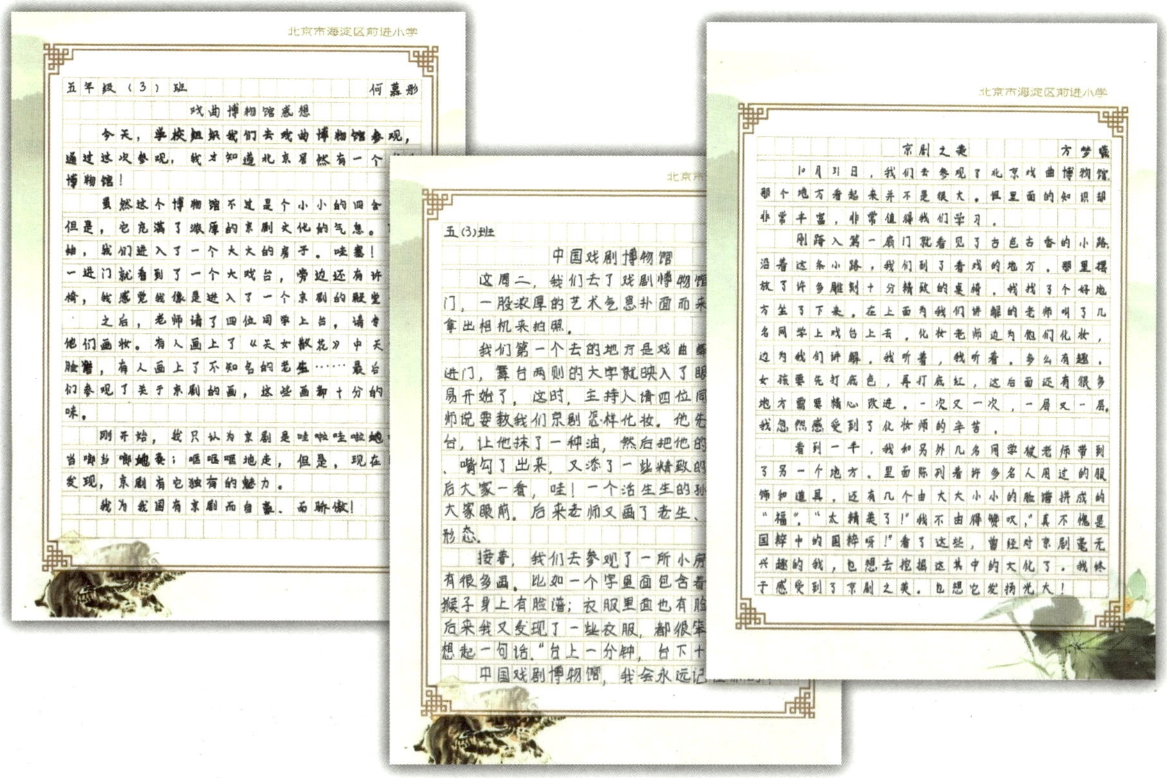
北京市海淀区前进小学

五年级（3）班　何慕彤

戏曲博物馆感想

今天，学校组织我们去戏曲博物馆参观，
通过这次参观，我才知道北京居然有一个
博物馆！
虽然这个博物馆不过是个小小的四合
但是，它充满了浓厚的京剧文化的气息。
轴，我们进入了一个大大的房子。哇塞！
一进门就看到了一个大戏台，旁边还有许
椅，我感觉就像是进入了一个京剧的殿堂
之后，老师请了四位同学上台，请专
他们画妆。有人画上了《天女散花》中天
脸谱，有人画上了不知名的老生……最后
们参观了关于京剧的画，这些画都十分的
味。
刚开始，我只认为京剧是哇啦哇啦地
当啷当啷地奏；咂咂咂地走，但是，现在
发现，京剧有它独有的魅力。
我为我国有京剧而自豪、而骄傲！

北京市

五(3)班

中国戏剧博物馆

这周二，我们去了戏剧博物馆
门，一股浓厚的艺术气息扑面而来
拿出相机来拍照。
我们第一个去的地方是戏曲
进门，舞台两侧的大字就映入了眼
易开始了，这时，主持人请四位同
师说要教我们京剧怎样化妆。他先
台，让他抹了一种油，然后把他的
、嘴勾了出来，又添了一些精致的
后大家一看，哇！一个活生生的孙
大家眼前。后来老师又画了老生、
形态。
接着，我们去参观了一所小房
有很多画。比如一个字里面包含着
猴子身上有脸谱；衣服里面也有脸
后来我又发现了一些衣服，都很
想起一句话."台上一分钟，台下十
中国戏剧博物馆，我会永远记

北京市海淀区前进小学

京剧之美　方梦啸

10月31日，我们去参观了北京戏曲博物馆。那个地方看起来并不是很大，但里面的知识却非常丰富，非常值得我们学习。

刚踏入第一扇门就看见了古色古香的小路。沿着这条小路，我们到了看戏的地方。那里摆放了许多雕刻十分精致的桌椅，我找了个好地方坐了下来。在上面为我们讲解的老师叫了几名同学上戏台上去，化妆老师边为他们化妆，边为我们讲解。我听着，我听着，多么有趣。女孩要先打底色，再打底红，这后面还有很多地方需要精心改进。一次又一次，一层又一层。我忽然感受到了化妆师的辛苦。

看到一半，我和另外几名同学被老师带到了另一个地方。里面陈列着许多名人用过的服饰和道具，还有几个由大大小小的脸谱拼成的"福"。"太精美了！"我不由得赞叹，"真不愧是国粹中的国粹呀！"看了这些，曾经对京剧毫无兴趣的我，也想去挖掘这其中的文化了。我终于感受到了京剧之美，也想它发扬光大！

寻访古代遗迹 感悟历史文化

六年级　中国长城博物馆课程

参观中国长城博物馆和登八达岭长城的课程实践，使孩子们开阔了眼界，从不同方面了解和积累了更多的有关长城的知识和故事，也使孩子们的认识从开始的“长城是中国人建的，就是中国的”转变为“长城不仅是中国的，更是世界的”。

博物馆现场

学生作业

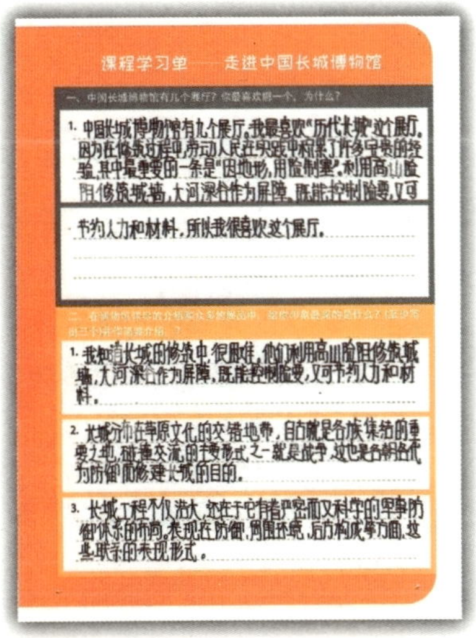

课程学习单——走进中国长城博物馆
1. 中国长城博物馆有九个展厅，我最喜欢"历代长城"这个展厅，因为在修筑过程中，劳动人民在实践中积累了许多宝贵的经验，其中最重要的一条是"因地形，用险制塞"，利用高山险阻修筑城墙，大河深谷作为屏障，既能控制险要，又可节约人力和材料，所以我很喜欢这个展厅。
1. 我知道长城的修筑中，很艰难，他们利用高山险阻修筑城墙，大河深谷作为屏障，既能控制险要，又可节约人力和材料。
2. 长城分布在草原文化的交错地带，自古就是各族集结的重要之地，碰撞交流的主要形式之一就是战争，这也是各朝各代为防御而修建长城的目的。
3. 长城工程不仅浩大，还在于它有着严密而又科学的军事防御体系的布局，表现在防御、周围环境、后方构成等方面，这些联系的表现形式。

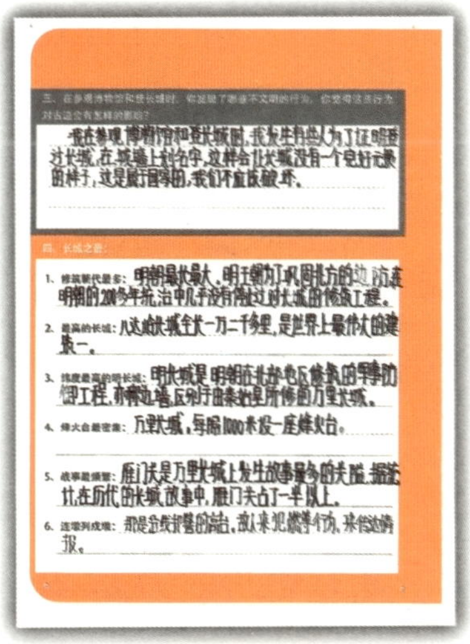

我在参观博物馆和登长城时，我发生有些人为了证明到过长城，在城墙上刻名字，这样会让长城没有一个完好无损的样子，这是属于冒犯的，我们不应该破坏。
四、长城之最：
1. 修筑朝代最多：明朝最长最大，明王朝为了巩固北方的边防，在明朝的200多年统治中几乎没有停止过对长城的修筑工程。
2. 最高的长城：八达岭长城全长一万二千多里，是世界上最伟大的建筑之一。
3. 明长城是明朝在北部地区修筑的军事防御工程，东起鸭绿江，西至嘉峪关……所修的万里长城。
4. 烽火台最密集：万里长城，每隔1000米设一座烽火台。
5. 战事最频繁：雁门关是万里长城上发生故事最多的关隘，据统计，在历代的长城故事中，雁门关占了一半以上。
6. 连環列戍墩：那是危險預警的哨台，敌人来犯燃烽火示，来传递情报。

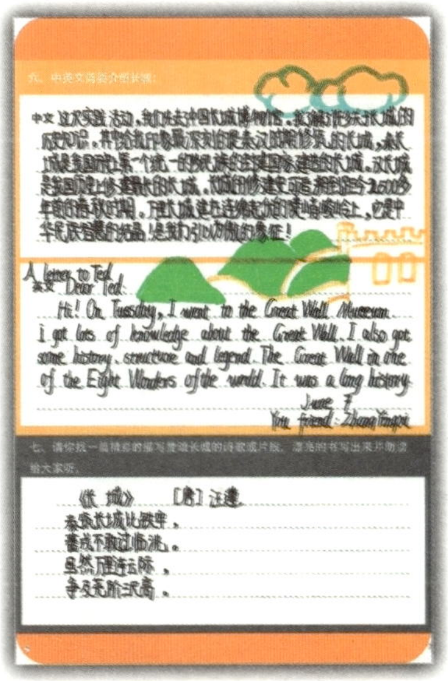

中文
A letter to Ted
英文
Dear Ted:
Hi! On Tuesday, I went to the Great Wall Museum. I got lots of knowledge about the Great Wall. I also got some history, structure and legend. The Great Wall in one of the Eight Wonders of the world. It was a long history.
June 7
Your friend: Zhang Yingxi
《长城》 [唐] 汪遵
秦筑长城比铁牢，
蕃戎不敢过临洮。
虽然万里连云际，
争及尧阶三尺高。

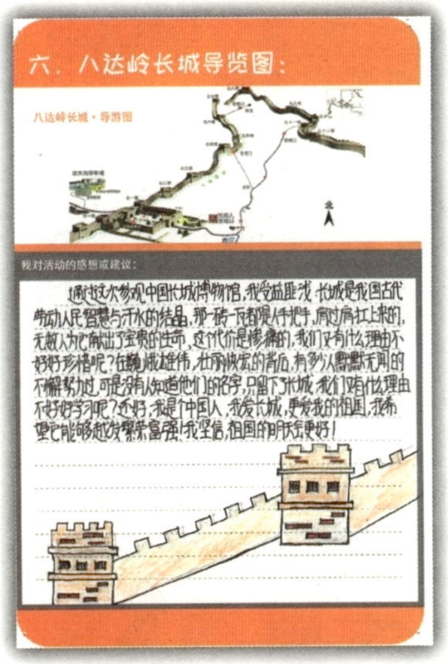

六、八达岭长城导览图：
八达岭长城·导游图
北
我对活动的感想或建议：
通过这次参观中国长城博物馆，我受益匪浅。长城是我国古代劳动人民智慧与汗水的结晶，那一砖一瓦都是人手把手，肩过肩扛上来的，无数人为它献出了宝贵的生命，这个代价是惨痛的，我们又有什么理由不好好珍惜呢？在巍峨雄伟，壮丽恢宏的背后，有多少人默默无闻的不懈努力过，可是没有人知道他们的名字，只留下了长城，我们又有什么理由不好好学习呢？还好，我是个中国人，我爱长城，更爱我的祖国，我希望它能够越发繁荣富强！我坚信，祖国的明天会更好！

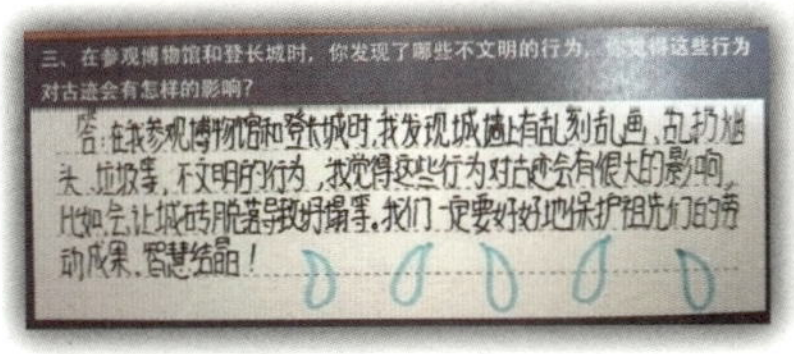

三、在参观博物馆和登长城时，你发现了哪些不文明的行为，你觉得这些行为对古迹会有怎样的影响？
答：在我参观博物馆和登长城时，我发现城墙上有乱刻乱画、乱扔烟头、垃圾等，不文明的行为，我觉得这些行为对古迹会有很大的影响，比如会让城砖脱落导致坍塌等。我们一定要好好地保护祖先们的劳动成果、智慧结晶！

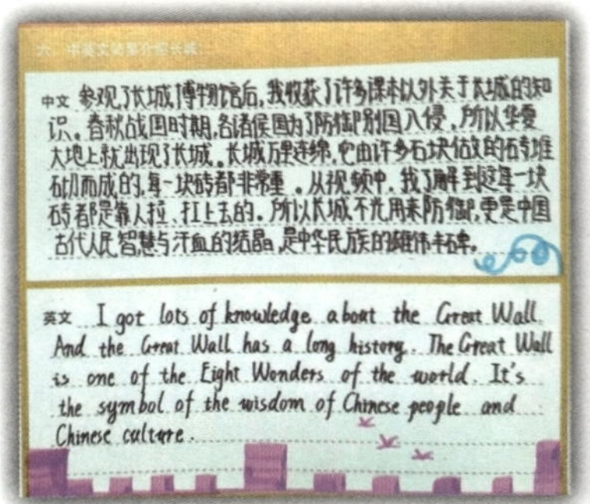

中文 参观了长城博物馆后，我收获了许多课本以外关于长城的知识。春秋战国时期，各诸侯国为了防御别国入侵，所以华夏大地上就出现了长城。长城万里连绵，它由许多石块做的砖堆砌而成的，每一块砖都非常重。从视频中，我了解到这每一块砖都是靠人拉、扛上去的。所以长城不光用来防御，更是中国古代人民智慧与汗血的结晶，是中华民族的丰碑。
英文 I got lots of knowledge about the Great Wall. And the Great Wall has a long history. The Great Wall is one of the Eight Wonders of the world. It's the symbol of the wisdom of Chinese people and Chinese culture.

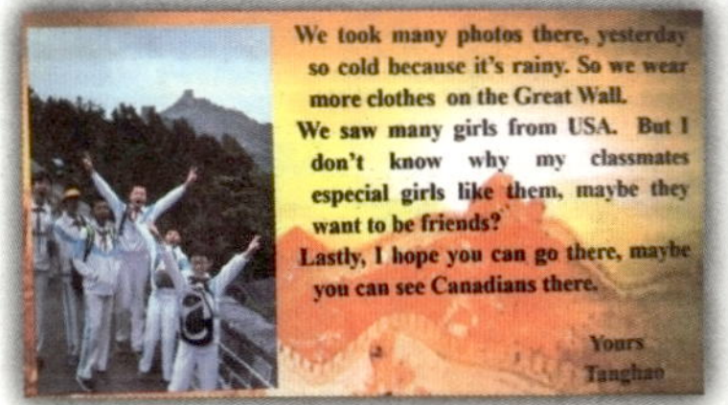

We took many photos there, yesterday so cold because it's rainy. So we wear more clothes on the Great Wall.
We saw many girls from USA. But I don't know why my classmates especial girls like them, maybe they want to be friends?
Lastly, I hope you can go there, maybe you can see Canadians there.
Yours
Tanghao

刻痕，历历在目！

六、八达岭长城导览图：
八达岭长城·导游图
北
我对活动的感想或建议：
我认为这次活动特有意义！让我们学到了关于长城的知识，了解长城的历史文化、民族色彩。最让我震撼的是中华人民的毅力和智慧，长城建立在陡峭的峻岭之上，如今的我们往上爬，就已经热汗直流、气喘吁吁了，更别说是建上去！那真是"难于上青天！"这也不愧为是"世界八大奇迹"之一。这使我是一名华夏儿女而感到自豪！叫人不禁为这伟大的长城叫好、叫绝！
雄伟壮观的长城是人类建筑史上罕见的古代军事防御工程。它以悠久的历史，浩大的工程，雄伟的气魄著称于世。它是我们中国的象征，是中华人民的骄傲。

重温奥运梦 讴歌体育魂

六年级 北京奥运博物馆课程

北京从申奥成功到成功举办奥运会，牵动着全世界中华儿女的心。对于没有亲身经历过北京奥运会的孩子们来讲，这次北京奥运博物馆实践之旅意义非凡。不仅帮助学生理解奥林匹克精神和文化，而且让学生将课堂所学与考察实践相结合，更好地将奥运文化与体育精神的意义和价值，转化为对成长有正面影响的养分。这次的奥运之旅，一定会在孩子心中烙下深深的印记。

博物馆现场

学生作业

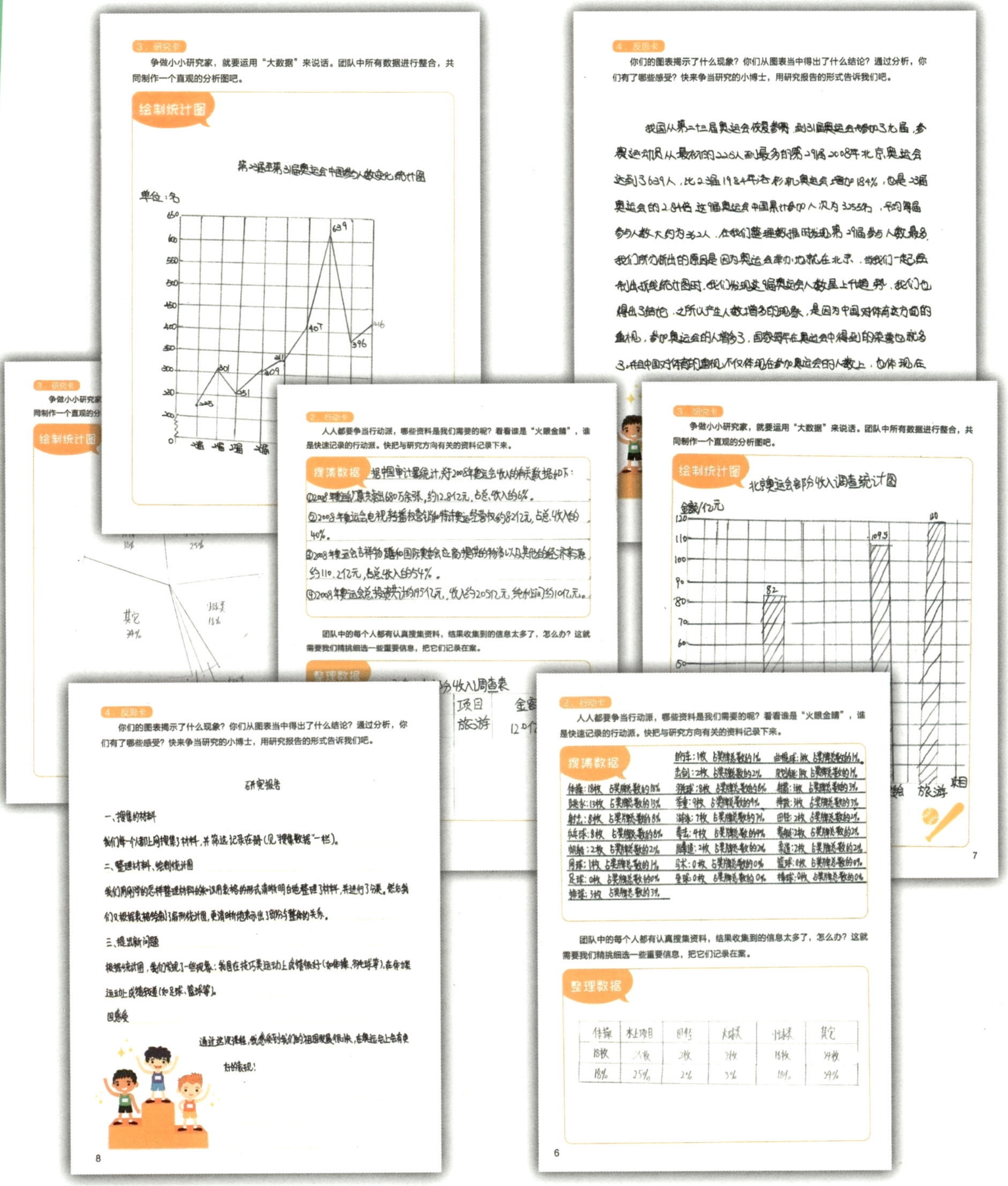
3．研究卡
争做小小研究家，就要运用“大数据”来说话。团队中所有数据进行整合，共同制作一个直观的分析图吧。
绘制统计图
单位：名
4．反思卡
你们的图表揭示了什么现象？你们从图表当中得出了什么结论？通过分析，你们有了哪些感受？快来争当研究的小博士，用研究报告的形式告诉我们吧。
2．行动卡
人人都要争当行动派，哪些资料是我们需要的呢？看看谁是“火眼金睛”，谁是快速记录的行动派。快把与研究方向有关的资料记录下来。
搜集数据
团队中的每个人都有认真搜集资料，结果收集到的信息太多了，怎么办？这就需要我们精挑细选一些重要信息，把它们记录在案。
整理数据
北京奥运会部分收入调查统计图
金额/亿元
旅游
研究报告
一、搜集的材料
我们每一个人都上网搜集了材料，并筛选记录在册（见“搜集数据”一栏）。
二、整理材料、绘制统计图
我们用刚学的怎样整理材料的知识用表格的形式清晰明白地整理了材料，并进行了分类。然后我们又根据表格绘制了扇形统计图，更清晰地表示出了部分与整体的关系。
三、提出新问题
根据统计图，我们发现了一些现象：我国在技巧类运动上成绩很好（如体操、羽毛球等），在体力类运动上成绩较差（如足球、篮球等）。
四感受
通过这次课程，我感受到我们的祖国发展很快，在奥运会上会有更好的表现！
体操：18枚 占奖牌总数的18%
跳水：13枚 占奖牌总数的13%
射击：8枚 占奖牌总数的8%
乒乓球：8枚 占奖牌总数的8%
帆船：2枚 占奖牌总数的2%
网球：1枚 占奖牌总数的1%
足球：0枚 占奖牌总数的0%
排球：3枚 占奖牌总数的3%
自行车：1枚 占奖牌总数的1%
击剑：2枚 占奖牌总数的2%
羽毛球：8枚 占奖牌总数的8%
举重：9枚 占奖牌总数的9%
游泳：7枚 占奖牌总数的7%
拳击：4枚 占奖牌总数的4%
跆拳道：2枚 占奖牌总数的2%
马术：0枚 占奖牌总数的0%
垒球：0枚 占奖牌总数的0%
曲棍球：1枚 占奖牌总数的1%
射箭：3枚 占奖牌总数的3%
摔跤：3枚 占奖牌总数的3%
田径：2枚 占奖牌总数的2%
柔道：2枚 占奖牌总数的2%
篮球：0枚 占奖牌总数的0%
棒球：0枚 占奖牌总数的0%
体操 18枚 18%
球类 25%
田径 2枚 2%
大球 3枚 3%
小球 18枚 18%
其它 34枚 34%
8
6
7

博物馆课程：让“死”知识“活”起来

文／本报记者　凌月云（《现代教育报》）

北京市到底有多少座博物馆？一般人面对这个问题可能有些犯怵。然而在北京市海淀区前进小学学生那里，他们却能脱口而出：截至2016年，北京地区共有备案登记博物馆172座，其数量居世界城市第二。记者了解到，孩子们之所以对北京的博物馆如数家珍，源自学校针对不同年级开设的博物馆课程，这也是学校学科实践活动的创新做法之一。

课堂实录

走进前进小学何红英老师的课堂，四年级学生正在上“中国钱币博物馆课程”。“君子爱财，取之有道”，“钱币藏着国家的历史、地理和文化”……已经学过语文教科书中《金钱》这一单元的学生，此时纷纷发表他们对金钱的理解和看法。

何老师在肯定孩子们的观点的同时，通过影片的形式，巧妙地将话题从课文引入对中国钱币博物馆的参观和学习中。在分享了不同时期钱币的形状、图案、在当时社会历史背景下发挥的作用后，各探究小组围绕不同的主题汇报研究成果。

研究宋交子的小组从清明上河图说起，指出宋交子是世界上最早使用的纸币，比美国、法国等西方国家发行的纸币要早六七百年，它为贸易打开了方便之门；研究秦半两和汉五铢的小组，汇报了秦在统一六国后，统一了度量衡、货币，结束了我国古代货币形状各异、重量悬殊的杂乱状态；研究第五套人民币的小组，从毛主席的头像说起，介绍了我国的壮丽山河和民族文化。

在梳理出钱币的出现年代顺序后，语文口头作文“想象未来的钱币”登场。学生们发挥想象，大胆设计：智能钞票想你所想、C919将登上第六套人民币……不一而足，直到下课铃声响起，大家仍觉得意犹未尽。

教师说课：超越“金钱”的学习

围绕北师大版小学语文四年级上册第十单元主题“金钱”，学校的中国钱币博物馆课程融合语文、数学、英语、体育、美术、科学及电影七个学科。通过课内外相结合的形式，帮助学生从不同学科的角度感知金钱包含的文化内涵，懂得要以诚实的劳动换取金钱，理解金钱中所蕴藏的劳动价值和艺术价值。

活动前，学生们观看了电影纪录片《货币》，学习了有关钱币的系列课文，规划了去中国钱币博物馆的行车路线，为博物馆课程的实施做好充分的准备。活动中，学生以小组为单位，在各科老师的带领下进行参观学习，在实践中感受钱币的魅力。课堂与博物馆实践活动相对接，有益于学生了解更多的金钱知识，锻炼搜集信息、整理信息的能力。活动结束后，学生们根据自己的观察，创作了《钱币，我想对你说》的想象作文，表达了对钱币的喜爱和赞美之情。

整个钱币博物馆课程的学习，培养了学生观察、比较、表达、写作、分析、审美、规划、创作、合作等综合能力，激发了学生的民族自豪感和爱国之情。

延伸对话

问：博物馆课程是学校学科实践活动内容之一，制定实施该课程是出于什么考虑？

王立平（海淀区前进小学校长）：我们认为，小学教育的核心是习惯、方法和品格。学校应该引导师生在学习、实践、体验和反思中发现自我、唤醒潜能。其中，活动体验在小学生成长发展中，具有不可替代的独特价值。尤其是2015年，新的《北京市实施教育部〈义务教育课程设置实验方案〉的课程计划（修订）》出台后，前进小学逐步开展了以北京丰富的博物馆资源为依托，贯彻落实10%学时的学科实践活动。

问：在实施博物馆课程的过程中，学校行之有效的举措是什么？

王立平：我们的目标是利用10%学时的实践活动，撬动100%的课程改革以及教师教学思想的转变。因此，我们重新优化课程结构，形成新的“勤·思”课程体系，并将学科实践活动的实施置于整体课程框架下，建立学科课程与实践活动之间的联系，提高教师设计和实施学科实践活动课程的能力。基于此，学校将学科实践活动与研学旅行相结合，开发设计了涵盖一到六年级的博物馆特色课程。该课程通过主题探究、学科融合、体系化的设计，服务学生综合素养的发展。

问：经过两年的实践，您认为学校师生最大的收获是什么？

王立平：学科实践活动的开展，在一定程度上倒逼学校开展学科内部整合、跨学科整合、跨学段实践的探索，打破了学科壁垒。实践中我们发现，学科实践活动对学科教学做了有益的补充，它更强调体验、探究，能够引导教师通过学科整合、校内外打通实施，不断创生新的教学方式。同时，学科实践活动的开展弥补了学生直接经验学习的不足，有效解决了学习中的问题，使学生的探究学习能力不断提升。

专家点评——博采众长　通晓万物

江峰（时任北京教科院基础教育课程教材发展研究中心管理室主任）：

前进小学所开展的博物馆课程可以用“精彩、精致、精美、精心”来形容，因为它体现了学校的课程竞争力、校长的课程领导力、教师的课程理解力以及他们的课程实施力。

在学校的博物馆课程中，一到三年级凸显动物、典籍，四年级是钱币、铁道，五年级是戏曲、故宫，六年级是奥运、长城。这些课程的开发和建设，不仅体现了跨学科的整合能力，也体现了校长的立意，即以分层级为依托，全方位树立博采众长、通晓万物的理念，这是建构博物馆课程很高站位的结构图。

博物馆课程的开设还体现了它是好玩的课程、有用的课程、实践的课程，它实现了学生核心素养与学科实践的关联，让学生在课堂上学到的知识在现实生活中有了“用武之地”，既改变了他们的学习方式和观念，也更新了教师的教育理念，从而全面促进教师的专业化发展，最终促使学校焕发出新的生机与活力。

写在课程之后

2015年7月，新的《北京市实施教育部〈义务教育课程设置实验方案〉的课程计划（修订）》出台后，新课程设置方案的新理念、新要求，特别是学科实践活动的设置，为学校活动育人提供了明确的政策支持。

在这样的大背景下，前进小学围绕办学理念和育人目标，重构了原来的课程结构，优化形成新的“勤·思”课程体系，突出活动课程、实践课程的育人地位。全体教师自2015年9月开始，持续进行10%学科实践活动的研究：从2016年单一活动的设计到2017年博物馆主题课程的设计，教师们以“铁杵磨成针”的精神，不断优化学习地点和学习内容、学习方式，创新性地进行着课程的实践与探索。

2019年春季，我们开始思考如何提升学校博物馆系列课程的深度与广度，于是教师们计划进行“前进小学博物馆课程2.0版”的升级研究，运用已有经验将如同珍珠散落着的课程串起来，更充分体现对学生学习能力的培养过程。国家动物博物馆因前期被各年级多次选为开展研究性学习的场所，并基于“动物永远是人类的朋友”这样的认知，最终被教师们选定为研究使用的对象，希望为孩子们提供一个丰富而有趣的课程。

课程的研究活动通常安排在工作时间以后，教师们克服了种种困难：有时沉浸在研究中，忘记接还在幼儿园的小宝宝；有时只有听到孩子哭声，才意识到把孩子独自一人放在办公室时间太久；研究有时是快乐的，大家会与伙伴的精彩思考一拍即合；有时却很痛苦，因为自己千辛万苦费时耗力的设计被伙伴“无情”否掉；有时还会为一个环节放在哪个年级更好，争得面红耳赤；课程推出的进度多次推迟……

在本书编辑成稿期间，遇到了全国人民宅在家的“抗疫”战争。面对一个个鲜活的生命被病毒侵犯，面对新闻中专家不断提示对野生动物的保护，我们意识到教育的缺失。国人从小并不缺少保护动物的教育，通常小学的课程中也有对动物的情感培育，但随着社会的发展与进步，我们似乎忽视了更应该让孩子们从小接受法律的理性教导。所以，希望我们所设计的课程既是博物馆资源使用的指导，是对人与自然关系的学习研究，更是动物保护的法制教育实践。

在那段日子里，学生虽停课，但教师们不停教不停研究。这样的经历让每一个教育者明白，教育不仅发生在学校，也可以在校外，当然也可以在任意一个社会资源中。未来孩子们的学习地点是多元的，博物馆以其丰富的资源，应成为未来教育中孩子们终身学习的场所，以此课程培养孩子们如何探究、如何增长知识，学会如何提出问题并解决问题，使其最终成为优秀的建设者，在国家需要的时刻有能力去担当。

希望本书能够激发更多教育同行对博物馆课程教育价值的关注和挖掘，以及对实践育人、活动育人方式的思考与研究，也算是我们的抛砖引玉之举。但因能力有限，本书还有很多不尽人意的地方，也恳请大家批评指正。

本书是北京市海淀区前进小学教师团队的生动实践和集体智慧结晶，在老师们的研究实践和本书的策划、成稿过程中，离不开各级领导和专家的厚爱与支持指导。

特别感谢本书顾问——北京市海淀区教育科学研究院的文军庆老师，几年如一日陪伴式的专业指导，精心培育教师们研究的种子，从教师研究思路的启发、到阶段成果的点评指导，再到最后亲自撰写本书课程理论部分章节内容，共同参与了本书成果的梳理与组稿，见证了我们的成长！

感谢广西教育出版社，在贵社领导们的支持下，再次激发了我们对博物馆课程的热情，使课程的研究更具深度和教育的张力！

更要感谢国家动物博物馆的专家们，你们的肯定使教师增添了自信，享受到做研究型教师的职业幸福感！

冬天已经到来。春暖花开的日子已经不远了，愿孩子们能带着这本书走进国家动物博物馆，去开启你们的博物馆探索之旅！

北京市海淀区前进小学 王立平

2020年11月27日